Stephan Isphording

Das kleine Haus

Stephan Isphording

Das kleine Haus

für Singles, Paare und ältere Menschen

< 100 Quadratmeter

Deutsche Verlags-Anstalt
Stuttgart München

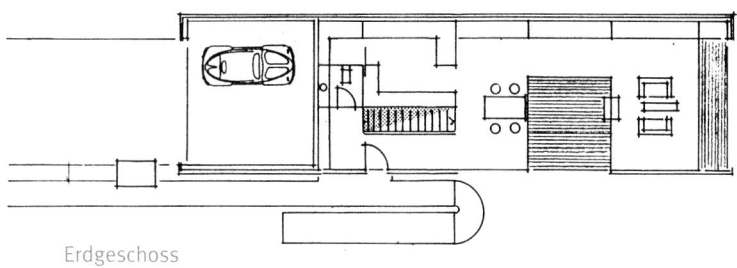

Erdgeschoss

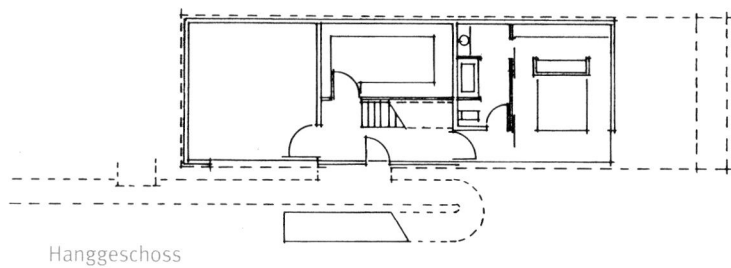

Hanggeschoss

Zwei-Personen-Haus
in Hamburg, 90 m²
Architekt:
Verfasser, 1999

Inhalt

Das kleine Haus
– oder der Reiz des Minimalen

»Vater-Mutter-Kind-Kind« ist nicht mehr das Standardmodell unserer gesellschaftlichen Gegenwart.

Bereits heute ist die Bundesrepublik Deutschland – wie die meisten Industrieländer – durch eine verhältnismäßig schwach vertretene junge Generation gekennzeichnet. Die Lebenserwartung wächst, und dadurch verschiebt sich die Altersstruktur ständig zugunsten der älteren Menschen. Schon heute leben in Deutschland mehr 65-jährige oder ältere Menschen als 15-jährige und jüngere.

Die Entwicklung der Geburten, aber auch der Eheschließungen und -scheidungen spiegelt die Einstellung der Gesellschaft zur Familie und zu Kindern wider. Niedrige Geburtenzahlen und abnehmende Heiratsbereitschaft haben auch Einfluss auf die Haushaltsgröße, die tendenziell seit Jahren abnimmt: Haushalte mit mehr als fünf Personen sind nur noch äußerst selten vorzufinden, während die Zahl der Einpersonenhaushalte besonders in Großstädten ständig zunimmt.

Das Eigenheim mit Garten stellt auch heute noch die mit Abstand begehrteste Wohnform dar. Diesen Traum hegen aber eben nicht nur die typischen vierköpfigen Familien, sondern auch Alleinerziehende, Singles, kinderlose Paare und ältere Menschen. Diese Leute können mit den üblichen Ausmaßen eines Einfamilienhauses wenig anfangen. Dadurch entstehen neue Bauherrengruppen, die auf ihre Wohnbedürfnisse und Haushaltsgröße zugeschnittene Lösungen wünschen. Für sie stellt sich die Frage nach innovativen schlüssigen Hauskonzepten, die auch bei minimierter Wohnfläche keine Kompromisse in der Nutzbarkeit, Individualität, Kosteneffizienz und vor allem architektonischer Qualität bedeuten.

Die Vorteile eines kleinen Hauses liegen auf der Hand: Einzelpersonen und Kleinfamilien haben mit dieser Form des Eigenheims – als Alternative zur Wohnung – die Möglichkeit, ein Stück eigengeplante, unverwechselbare Architektur zu verwirklichen, die auf einer minimalen Fläche in einer Baulücke oder auf einem Restgrundstück Platz findet. Ältere Menschen gewinnen durch den Bau eines ihren Bedürfnissen entsprechenden Minimalhauses die Chance, in Selbstbestimmung und frei gewählter Umgebung allein oder in Gemeinschaft das Alter zu bewältigen. Gesucht wird also das in Bezug auf Kosten und Nutzen optimierte Kleinhaus, das geänderten Lebensbedingungen Rechnung trägt. Damit sich die Realisierung eines solchen Objekts wirtschaftlich lohnt, müssen Bau- und Unterhaltkosten in vertretbaren Grenzen gehalten werden. Dies erfordert zum einen eine perfekte Planung und zum anderen eine konsequente Beschränkung der Bauherren auf das zum Wohnen wirklich Notwendige, was unter Umständen auch den Abschied von lieb gewordenem Überflüssigen bedeutet.

Grundsätzlich würden wohl die meisten von uns auf die Frage, lieber klein oder groß wohnen zu wollen, spontan die Antwort »natürlich groß« geben. Dem Kleinen, Einfachen und Bescheidenen haftet schließlich latent der Makel des Ärmlichen und Provisorischen an. In den seltensten Fällen entscheiden sich Bauherren aus Überzeugung für ein Haus kleineren Zuschnitts, vielmehr ist fast immer das verfügbare Budget der Grund. Dass aber in einer bewussten Minimierung ein »Mehr« liegen kann, wie es in dem mittlerweile zu allen Unzwecken genutzten Wort Mies van der Rohes »less is more« zum Ausdruck kommt, offenbart sich heute vielleicht deutlicher denn je. Unter dem Eindruck einer zunehmend komplexeren Welt und

»Patenthaus« in Hellerau bei Dresden, 80 m²
Architekt:
Heinrich Tessenow, 1911

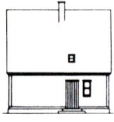

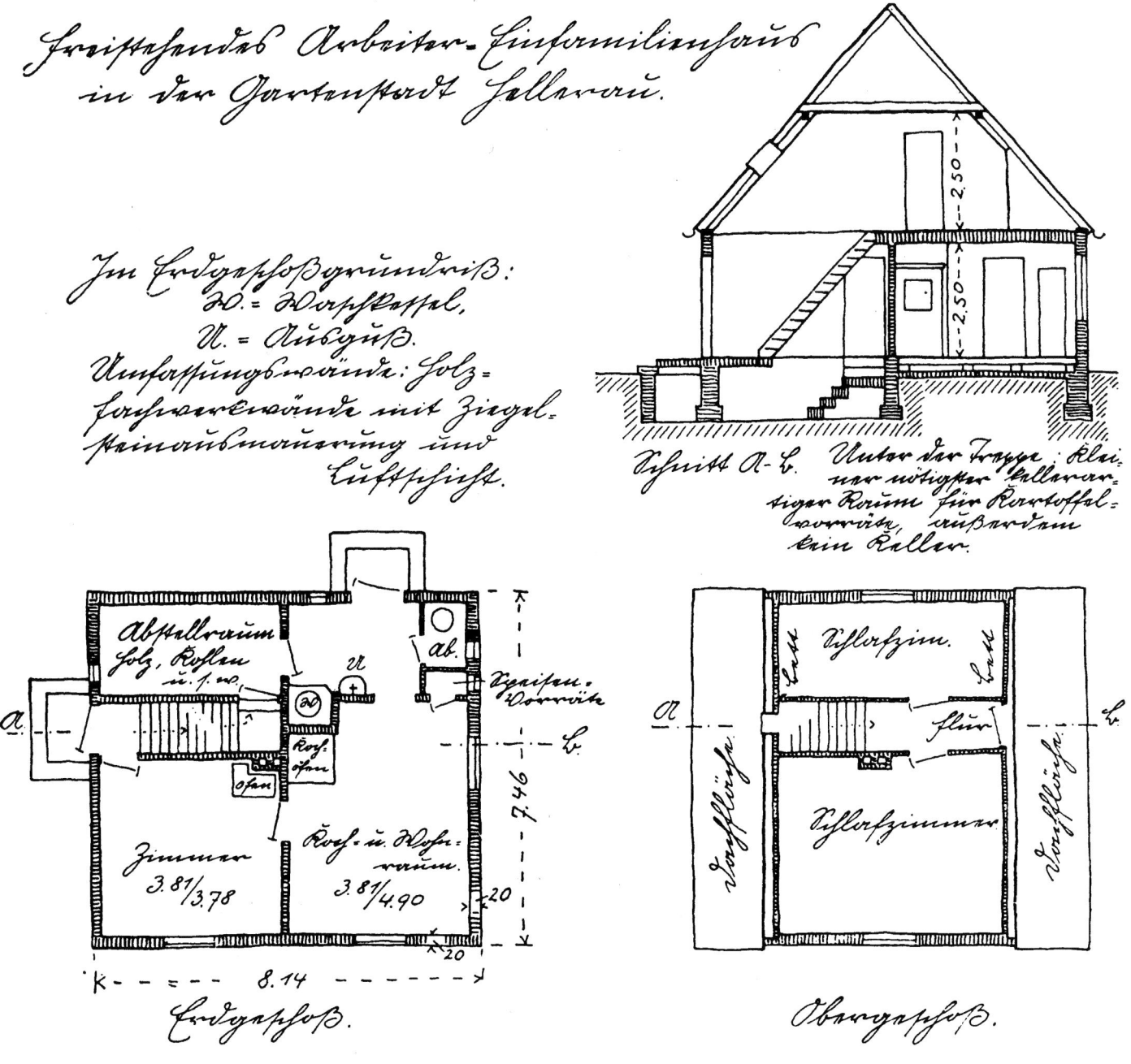

Freistehendes Arbeiter-Einfamilienhaus in der Gartenstadt Falkenau.

Im Erdgeschoßgrundriß:
W. = Waschkessel.
U. = Ausguß.
Umfassungswände: Holz-fachwerwände mit Ziegel-steinausmauerung und Luftschicht.

Schnitt A-L. Unter der Treppe: klei-ner nötiger kellerar-tiger Raum für Kartoffel-vorräte, außerdem ein Keller.

2.50

2.50

Abfallraum Holz. Kohlen ü. j. so

W.

U.

ab.

Speisen-Vorräte

Koch-ofen

ofen

Zimmer 3.81/3.78

Koch- u. Wohn-raum. 3.81/4.90

7.46

20

20

8.14

Erdgeschoß.

Schlafzim.

Bett

Bett

Vorfläche

Flur

Schlafzimmer

Vorfläche

Obergeschoß.

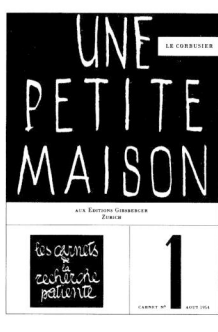

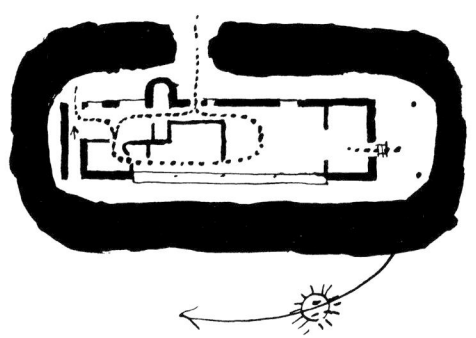

eines weitgehend fremdbestimmten Alltags besteht das Bedürfnis nach ruhiger und ausgeglichener Privatheit in den eigenen vier Wänden, nach Einfachheit, Übersichtlichkeit und Beherrschbarem. Den Worten Antoine de Saint-Exupérys folgend ist etwas erst dann perfekt, wenn man nichts mehr weglassen kann. Verstehen wir es also als Chance, Kleinheit und Schlichtheit als Bereicherung und nicht als Makel zu begreifen.

Dass die Entdeckung der Einfachheit keine Erfindung unserer Zeit ist, zeigt der Blick in die Baugeschichte, wenn auch zum Teil unter anderen gesellschaftlichen Bedingungen. Architekturhistorisch betrachtet war das kleine Haus immer eine Bauaufgabe, die ernst genommen wurde und nicht etwa nur als Fingerübung für Architekten diente.

Beim Rückblick über die vergangenen 100 Jahre lässt sich feststellen, dass vor allem in den ersten Jahrzehnten des 20. Jahrhunderts der Bautyp des Minimalhauses äußerst verbreitet und geläufig war. Als Alternative zu den düsteren, beengten Wohnverhältnissen in den städtischen Ballungsräumen war das kleine Haus für breite Bevölkerungsschichten die einzige realistische Möglichkeit, ein eigenes Haus mit Garten zu erschwinglichen Preisen zu erwerben. Denn die Vorstellung vom Wohnen mit der Familie im Eigenheim war als Kulturbestandteil weiterhin selbstverständlich. Auch in der öffentlichen Wahrnehmung hatte das kleine Haus seinen Stellenwert und wurde thematisiert. In theoretischen Abhandlungen fand die systematische Auseinandersetzung von Architekten mit minimalisierten Raumprogrammen und kostensparenden

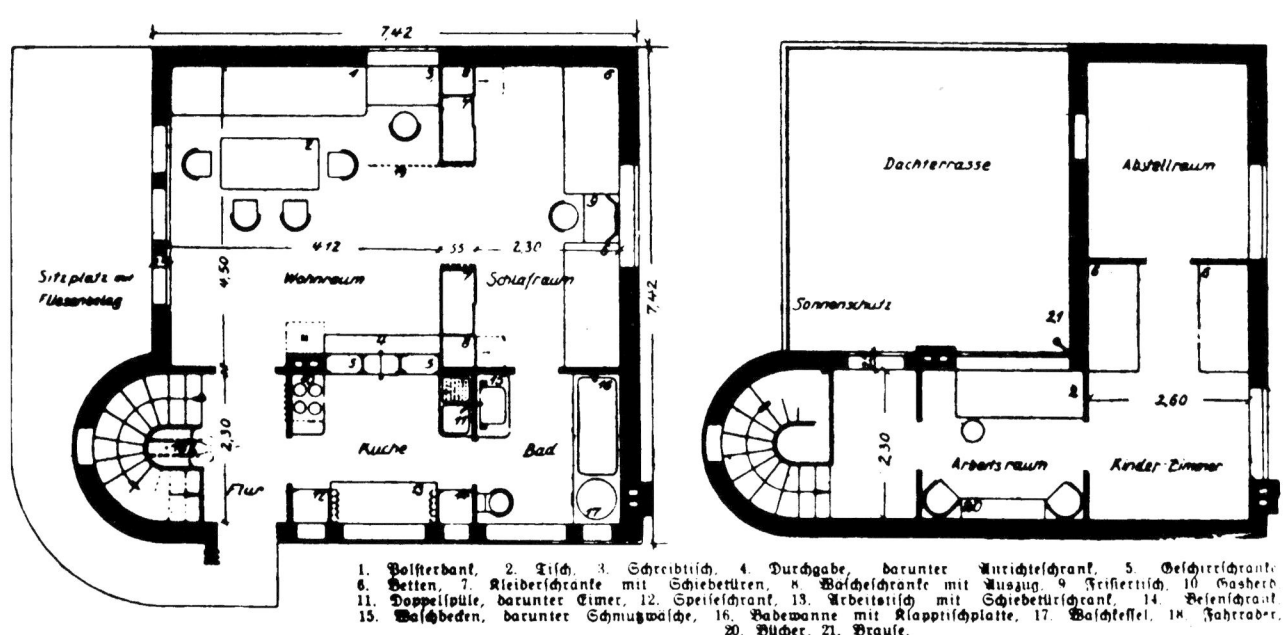

1. Polſterbank, 2. Tiſch, 3. Schreibtiſch, 4. Durchgabe, darunter Anrichteſchrank, 5. Geſchirrſchrank, 6. Betten, 7. Kleiderſchranke mit Schiebetüren, 8. Wäſcheſchranke mit Auszug, 9. Friſiertiſch, 10. Gasherd, 11. Doppelſpüle, darunter Eimer, 12. Speiſeſchrank, 13. Arbeitstiſch mit Schiebetürſchrank, 14. Beſenſchrank, 15. Waſchbecken, darunter Schmutzwäſche, 16. Badewanne mit Klapptiſchplatte, 17. Waſchkeſſel, 18. Fahrrad, 20. Bücher, 21. Brauſe.

Bautechniken statt. Die Förderung diese Haustyps war zudem Instrument staatlicher Sozialpolitik und Gegenstand kommunaler Stadt- und Landschaftsplanung angesichts einer wachsenden Verstädterung als Ergebnis der Industrialisierung. Die Architekten sahen sich vor die Aufgabe gestellt, einfache und klare Entwürfe zu liefern, die auf günstige Art umgesetzt werden konnten.

In den 20er und 30er Jahren erlebte das kleine Haus unter anderem mit der Gartenstadtbewegung und dem Siedlungsbau für Arbeiter seine Blüte und geradezu einen Bauboom. Schöne Beispiele von Typenhäusern und so genannten »wachsenden Häusern« sind am Rande der Großstädte wie Berlin und Hamburg noch heute zu finden. Der Altmeister des Kleinhausbaus Heinrich Tessenow (1876–1950) bezeichnete diesen Haustyp zu Beginn der 30er Jahre sogar als das »entwicklungsreichste Ereignis der gesamten neueren Geschichte«. Die Entwicklung von Minimalhäusern (Haus Fieger in Dessau) und Konzepte zu kostenminimierender Bauweise (Stahlhaus ebenfalls in Dessau) durch Architekten des Bauhauses legte den Grundstein für eine neue Häusergeneration und stellten die Anfänge des industrialisierten Bauens dar.

Der Bau des schlichten kleinen Hauses stand aber nicht nur als Synonym für ökonomische Knappheit und »Billigbauweise«. So handelt es sich bei dem berühmten »Une petite maison« von Le Corbusier aus dem Jahr 1923 für seine Mutter trotz einer Wohnfläche von nur 70 Quadratmetern um ein luxuriöses Wohnhaus am Genfer See, das dank des offenen Grundrisses

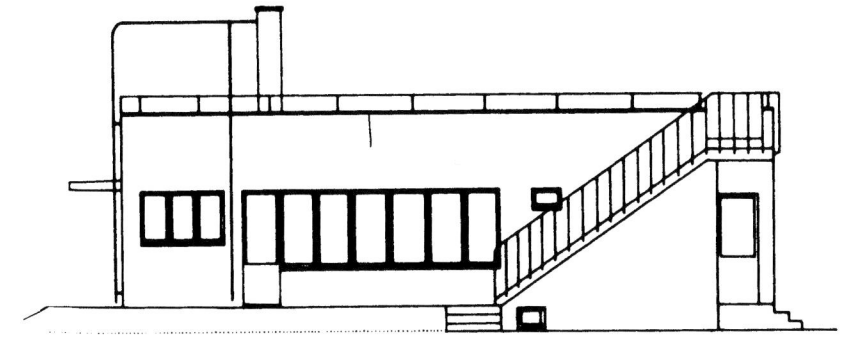

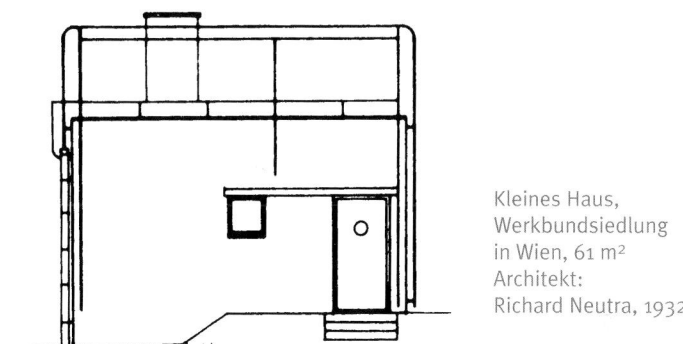

Kleines Haus, Werkbundsiedlung in Wien, 61 m² Architekt: Richard Neutra, 1932

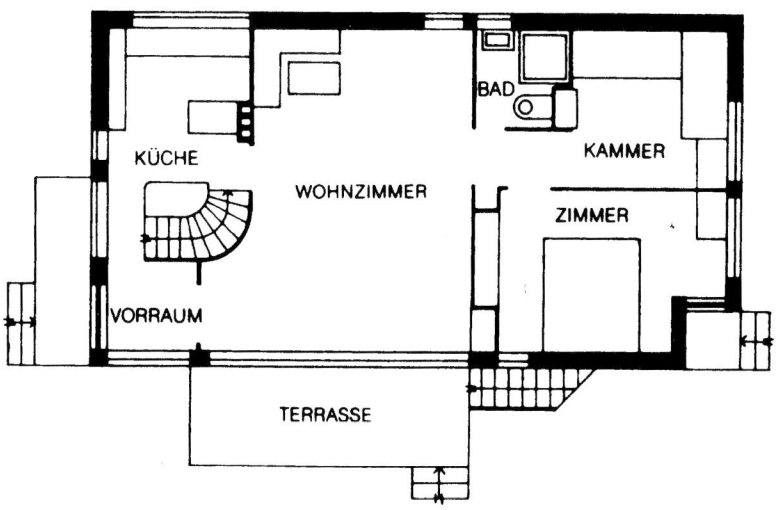

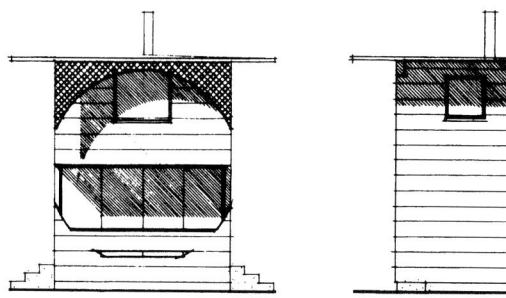
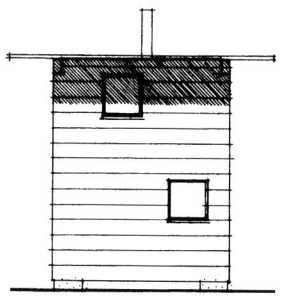
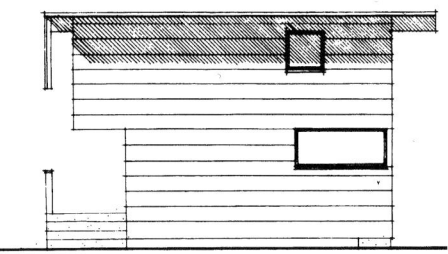

Ferienhaus auf Cape Cod, Mass., USA, 65 m²
Architekten:
Venturi, Scott, Brown & Ass., 1968

und seines modernen Charakters einen weitläufigen, großzügigen Eindruck vermittelt.

In der zweiten Hälfte des 20. Jahrhunderts leistete das kleine Haus seinen Beitrag zu Bewältigung des Wiederaufbaus in Form von Not- und kleinen Siedlungshäusern. Für die Architektenzunft schien dieser Bautyp aber immer weniger eine Herausforderung zu sein. Zunehmender Wohlstand, der auch von außen wahrgenommen werden sollte, und das Bedürfnis nach Repräsentation verlangten nach verschwenderischen, weniger nach bescheidenen Entwürfen. In den städtischen Randlagen noch allerorten sichtbar folgten auch die kleinen Häuser diesem Trend. Ehemals klar und harmonisch proportioniert wurden sie durch überdimensionierte Anbauten, ausladende Gauben und sonstige verunstaltende Veränderungen zu schaurig-schönen Mutanten.

ZUM BUCH

Dass diese vergleichsweise kleine Bauaufgabe nicht auch eine »kleine Architektur« nach sich ziehen muss, zeigen die in diesem Buch vorgestellten ausgesuchten Beispiele aus Deutschland, Österreich und der Schweiz. Nach dem Grundsatz »small is beautiful« präsentiert das Buch in 25 Projekten von bekannten und weniger bekannten Architektinnen und Architekten die ganze Bandbreite dieses Haustyps – vom städtischen Refugium für einen Musiker über einen Altenteil als »Austraghäusel"« bei München bis hin zum temporär genutzten Rustico in den Tessiner Alpen. Ausgangslage und Motivation der einzelnen Bauherren für ihre Bauvorhaben sind dementsprechend vielfältig.

Das vorliegende Buch möchte Anregung und

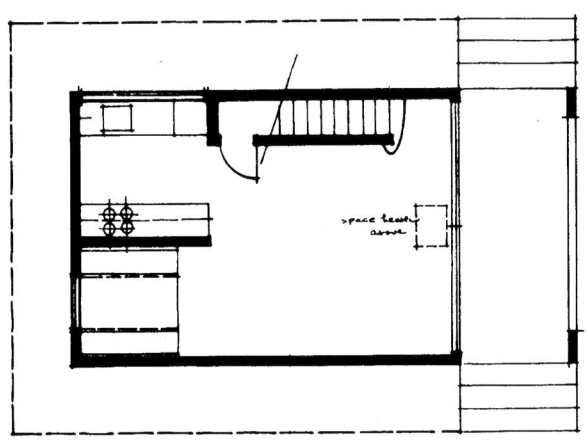
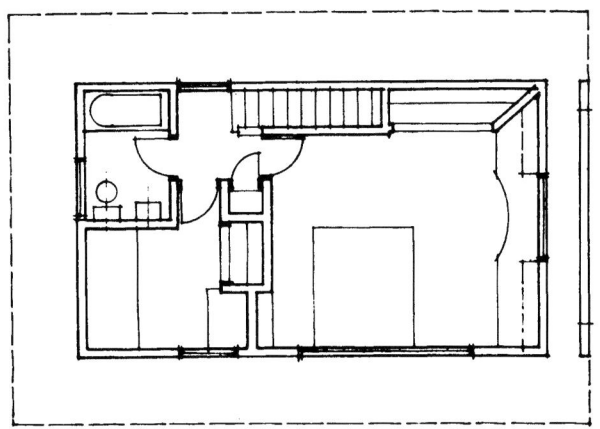

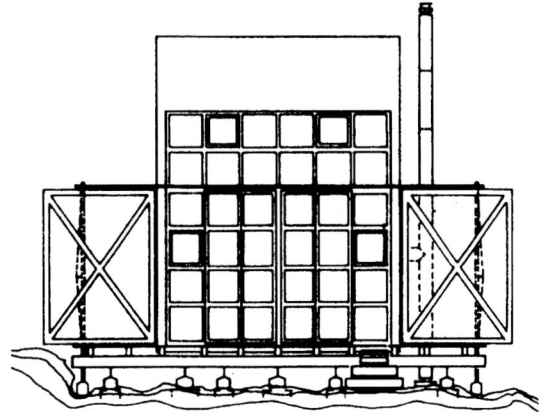

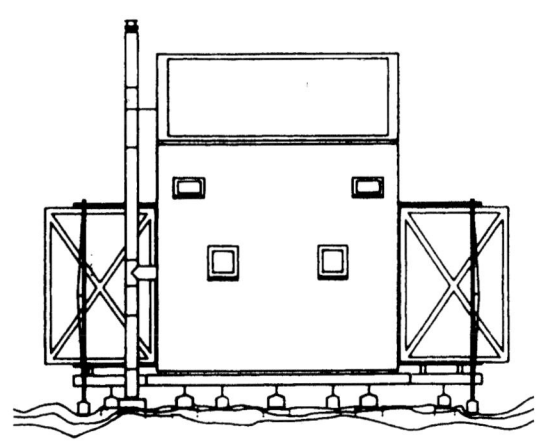

Orientierungshilfe geben. Mit der Vielzahl der
dargestellten Varianten bietet das Buch einen
breitgefächerten Ideenfundus und wird zu einer
informativen Entscheidungs- und Planungshilfe
für Bauherren und Architekten.

Alle hier dargestellten Häuser wurden indivi-
duell von Architekten geplant. Auswahlkriterien
für die einzelnen Projekte sind die Vorbildhaf-
tigkeit im Umgang mit den Gegebenheiten des
Grundstücks, die gelungene Integration in die
unmittelbare Umgebung und Nachbarschaft sowie
die erreichte Übereinstimmung mit den Wohn-
wünschen der Auftraggeber im Rahmen des zur
Verfügung stehenden Budgets. Darüber hinaus
sollte dem Entwurf ein erkennbar klares Konzept
zugrunde liegen, das insgesamt zu einer schlüssigen und aussagekräftigen architektonischen
Lösung geführt hat.

Die vorgestellten Projekte werden in ihrer Ganz-
heit dokumentiert:

Die begleitenden Projekttexte stellen die
architektonische Gestaltung, Bauweise und
Ausstattung dar und spüren den unterschiedlichen Motivationen der Bauherrinnen und
Bauherren zum Bau ihrer Häuser nach. Sie zeigen
Planungsüberlegungen, die Ausgangssituation
und den Ausstattungsstandard der Häuser auf,
um zu dokumentieren, unter welchen Vorgaben
und Bedingungen das gebaute Ergebnis entstanden ist.

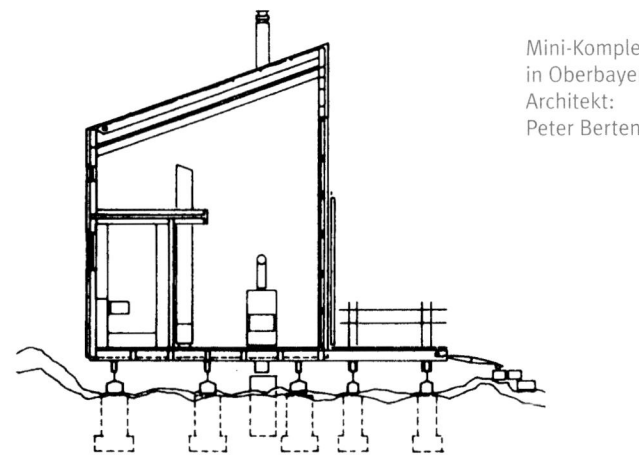

Mini-Kompletthaus
in Oberbayern, 24 m²
Architekt:
Peter Berten, 1991

Grundrisse und Schnitte sind einheitlich in den Maßstäben 1:100 und 1:200 dargestellt, das heißt: 1 Zentimeter in der Zeichnung entspricht 1 bzw. 2 Meter in der Realität.

Ausgewählte Fotografien veranschaulichen durch Innen- und Außenaufnahmen das realisierte Ergebnis. Der jeweilige Baudatenkasten gibt über die Texte hinaus noch weitere Informationen in systematisierter Form. Die Eckdaten des Projekts können so rasch und übersichtlich erfasst werden. Die Baukosten sind als reine Baukosten exklusive der Mehrwertsteuer zu verstehen, selbstverständlich ohne Grundstückskosten und die Nebenkosten für Honorare und Gebühren.

DANK

Allen Architekten und Fotografen, die mit ihrer Arbeit wesentlich zum Gelingen dieses Buches beigetragen haben, und den Bauherren, die freundlicherweise der Publikation ihrer Projekte zustimmten, danke ich sehr herzlich für die Mitwirkung an diesem Buch.

Danken möchte ich meinem Lektor Roland Thomas für seine raumlassende Begleitung und Monika Pitterle für ihre engagierte grafische Umsetzung des Buches.

Einfamilienhaus
in Penzberg, 87 m²
Architekt:
Thomas Jocher, 1990

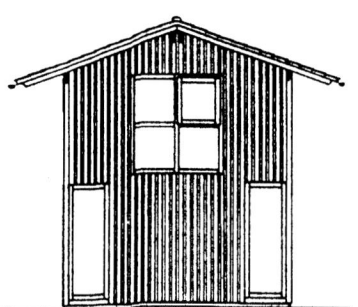

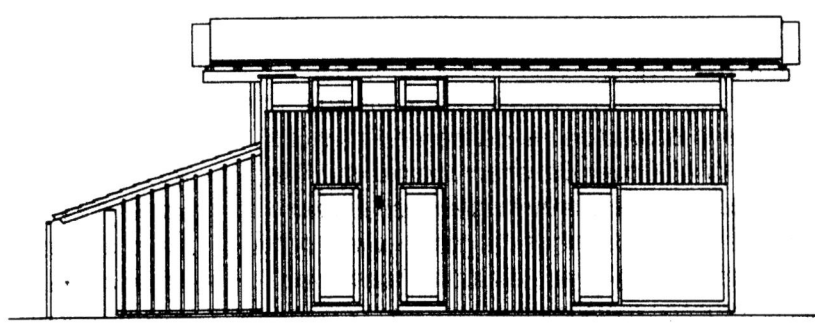

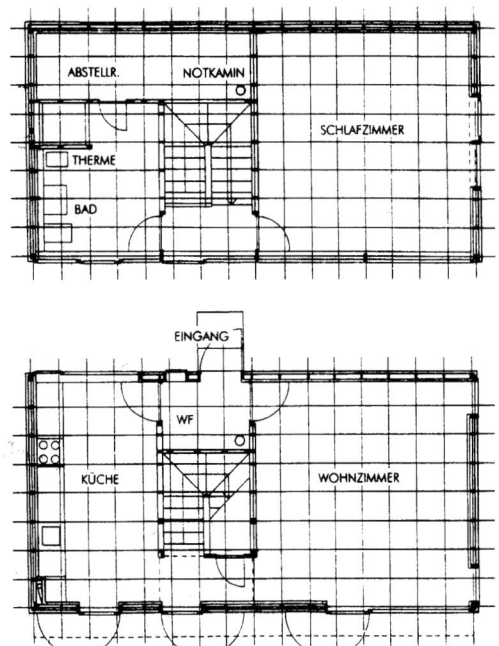

ABSTELLR.   NOTKAMIN

THERME   SCHLAFZIMMER

BAD

EINGANG

WF

KÜCHE   WOHNZIMMER

Projekte

Möbel für einen Tischler

Die landschaftlichen Besonderheiten des Ortes und der Beruf des Bauherrn beeinflussten den Entwurf für ein kleines Ein-Personen-Haus in Hintergoldingen, einer kleinen Ortschaft in der Nähe von St. Gallen. Teils schwebend, teils im Hang verankert ist das Holzhaus in einer natürlichen Mulde eines steil abfallenden Südhangs eingebettet. Die Umgebung lebt von ihren Gegensätzen. Weite, Aussicht und Sonnenlauf bestimmen die Talseite, bergseitig herrschen Enge, Schatten und Wind.

Auf diese Kontraste reagiert das Haus entsprechend. Nach Süden öffnet eine Glasfront mit vorgelagerter Terrasse den Blick auf das Tal und die Berge in der Ferne und lässt die Sonne tief in das Rauminnere eindringen. Die Nordseite ist im Gegensatz dazu gegen Wind und Wetter fast ganz geschlossen. Lediglich ein schmales Oberlichtband gibt inszenierte Blicke auf die hinter dem Haus gelegene nördliche Hangkette frei.

Als Elementbau konzipiert wurden die einzelnen Teile für das eingeschossige Wohnmöbel mit einem Helikopter geliefert und innerhalb nur eines Tages auf dem Betonsockel zusammengesetzt. Das aufgesetzte Dach mit großem Dachüberstand in Verbindung mit der weit auskragenden Terrasse vermittelt den schwebenden Charakter einer leichten Holzkiste.

Der Grundriss des Hauses ist offen. Lediglich durch ein frei im Raum stehendes Element, welches die Funktionsbereiche Küche, Bad, WC und Holzspeicherofen beherbergt, erhält der Einraum seine räumliche Zonierung. Auf eine Unterkellerung wurde aus Kostengründen verzichtet.

Bauherr und Architekten legten großen Wert auf die Verwendung von einwandfrei ökologischen Materialien. Alle Außenelemente sind aus unbehandelter Lärche beziehungsweise Tanne

gefertigt. Zelluloseflocken, die in die Hohlräume der zweischaligen Fassade eingeblasen wurden, dienen als Wärmedämmung.

Nicht zuletzt durch diese Materialwahl fügt sich dieses sympathische Haus harmonisch in seine Umgebung ein, korrespondiert mit traditionellen Bauformen, gibt sich aber zugleich als ein zeitgenössisches junges Haus zu erkennen.

Im Jahr 1999 erhielten die Architekten Badertscher Zeier und A. Edelmann für diesen Entwurf eine Auszeichnung in einem international ausgeschriebenen Wettbewerb der Fachzeitschrift *Bauwelt* zum Thema »Das erste Haus«.

Eine offene Lärchenholzschalung bildet die Außenhaut.

Das flach geneigte, auf-
gesetzte Satteldach und
die weit auskragende
Terrasse lassen das Haus
schweben.

Die Mühe des Bauens
hat sich allein für diesen
Ausblick gelohnt.

Die weitgehend
geschlossene Ost-
und Nordfassade.

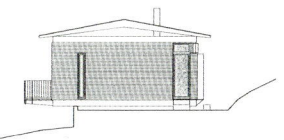

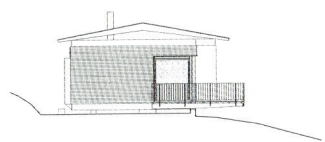

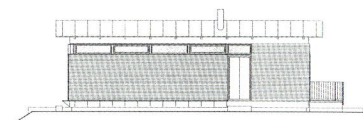

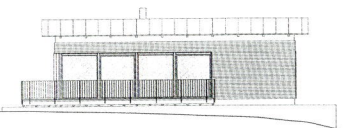

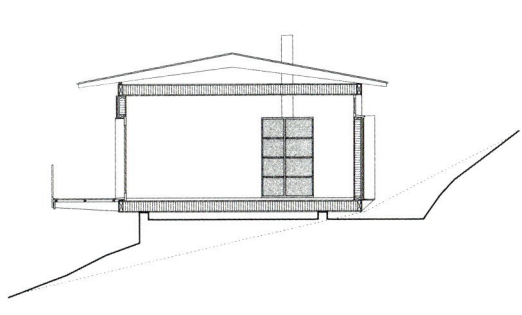

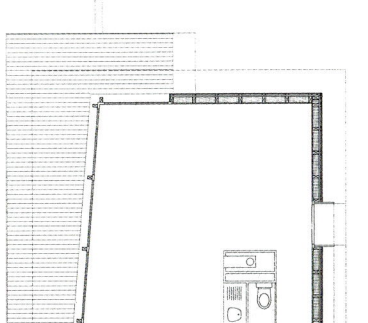

Baudaten:

Bewohner:	1
Grundstücksgröße:	1 173 m²
Bebaute Fläche:	82 m²
Wohnfläche:	70 m²
Umbauter Raum:	503 m³
Planungsbeginn:	Winter 1996
Bauzeit:	Winter 1997/98
Kosten m²/WF:	sFr 3 600,–

1:200

EIN-PERSONEN-HAUS IN HINTERGOLDINGEN

Mehr als die Summe seiner Teile

Am südlichen Rand von Rorgenwies, einem kleinen Dorf im Hegau im Hinterland des Bodensees befand sich in den sanft ansteigenden Streuobstwiesen ein unscheinbares Anwesen, dessen baulicher Zustand nach einer Wiederbelebung rief.

Eine Restauratorin erwarb nach langer Suche dieses Ensemble aus winzigem Wohnhaus und Scheune und verwirklichte mit Zielstrebigkeit und der Hilfe des Architektenteams Antje Krauter, Matthias Ludwig und Friedericke Oertel die Verwandlung in ein kleines, intimes Refugium.

Anders jedoch als der Beruf der neuen Eigentümerin hätte vermuten lassen, wurden die heruntergekommenen Gebäude nicht etwa in liebevoller Kleinarbeit originalgetreu wiederhergestellt. Stattdessen erfuhr die Altbausubstanz eine radikale Entkernung und stellt sich heute nach Erweiterung und Vervollständigung durch zwei simple Zubauten als neues, spannungsreiches Gesamtwerk dar.

Der ehemals kleinteilige Grundriss des bestehenden Wohnhauses geht nun in einem Gesamtraum auf. Ein möbelartiger Kern gliedert den bis unter den Dachfirst geöffneten Raum in zwei unterschiedlich große Zonen und bietet gleichzeitig raumsparenden Platz für Schränke, einen Kaminofen, die daran angeschlossene Luftheizung und die über eine steile Treppe zugängliche Schlafgalerie.

Die direkt an das Haus angelehnte Box als einer der beiden neuen, eingeschossigen Ergänzungsbauten nimmt Küche und Bad auf, während der zweite Riegel, frei und im rechten Winkel zum Haus stehend, als Arbeits- beziehungsweise Gästezimmer genutzt wird. Die dem Hof zugewandte Fassade ist raumhoch verglast, die Rückwand setzt sich dagegen in der Weise von der Konstruktion ab, dass sich in der Decke ein durchgehender Lichtschlitz bildet. Die extrem schmalen Anbauten sind über ein vor dem Wohnhaus verlaufendes Holzdeck miteinander verbunden und formulieren durch ihre intelligente Stellung zueinander sowie zum Bestand einen attraktiven Innenhof. Die Konstruktion besteht aus in Längsrichtung gespannten Stahlbetonrahmen, die an den Seiten mit leichten Fassadenelementen geschlossen wurden.

Alte und neue Gebäudeteile ergänzen sich auf selbstverständliche Weise und bilden neben- und miteinander ein nicht mehr zu trennendes Ganzes.

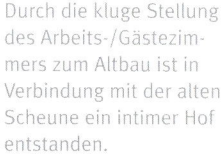

Durch die kluge Stellung des Arbeits-/Gästezimmers zum Altbau ist in Verbindung mit der alten Scheune ein intimer Hof entstanden.

Die kargen Räume mit ihrer minimalen Möblierung erinnern eher an ein großstädtisches Loft als an ein Haus in ländlicher Umgebung. Oben: Das Innere des alten Hauses mit dem eingestellten Schlafgaleriemöbel, links das Arbeitszimmer, rechts das Bad.

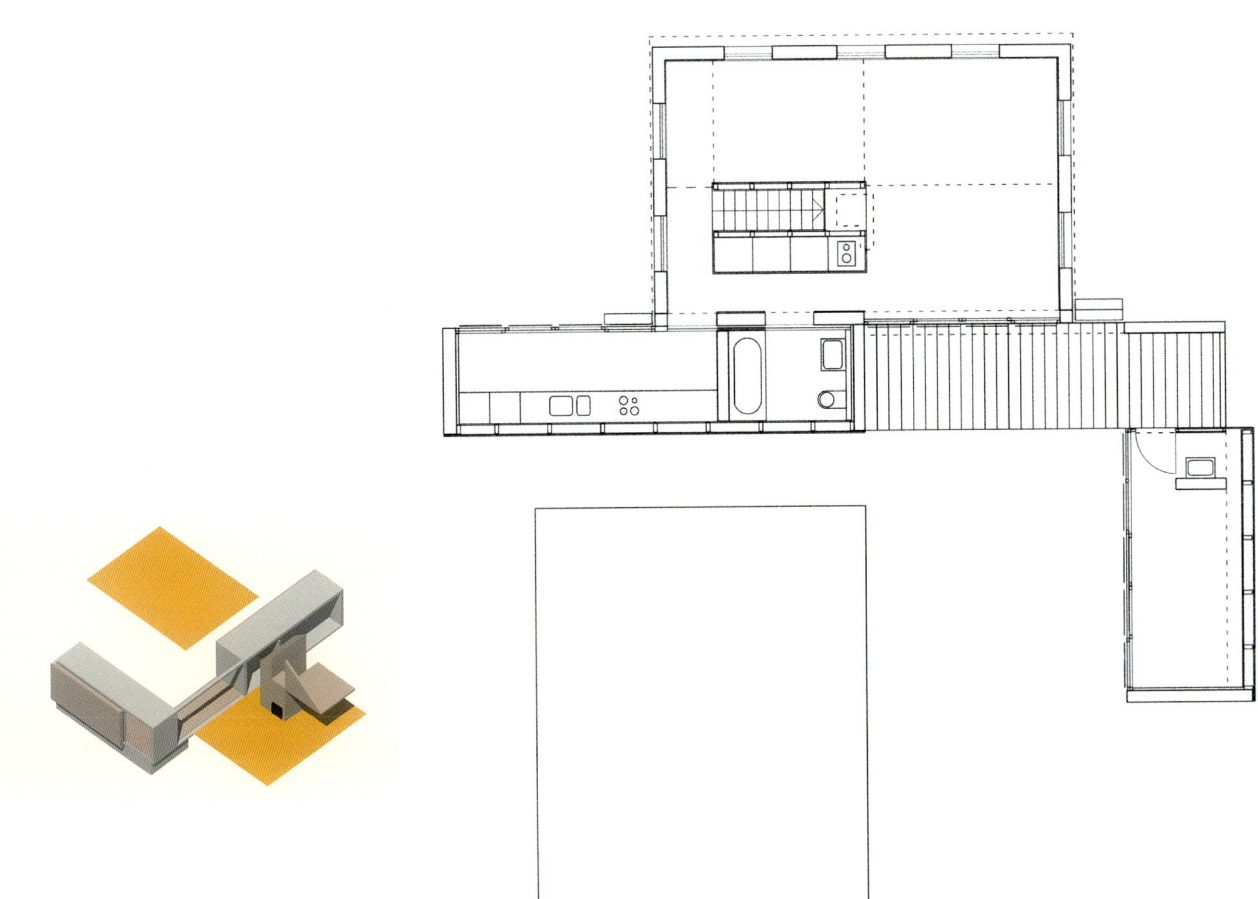

Baudaten

Anzahl der Bewohner:	1
Grundstücksgröße:	989 m²
Überbaute Fläche:	87 m²
Wohnfläche nach dem Ausbau:	95 m²
Darüber hinaus Nutzfläche:	21 m²
Baujahr:	1945/1997
Kosten m²/WF:	€ 1 320,–

1: 200

EIN-PERSONEN-HAUS IN EIGELTINGEN-RORGENWIES

Casa a Campo Vallemaggia

In der Wahl seiner Formensprache reflektiert und interpretiert dieser auf Stützen gestellte hölzerne Kubus auf einer abfallenden Wiese umgeben von den Tessiner Alpen auf besondere Weise die für diese Gegend typische ländliche Nutzarchitektur in Gestalt der traditionellen Walser-Speicher.

Die jahrhundertelange Bauerfahrung mit der schwebenden Konstruktion und der Stärke der Gebäudehülle zur Abwehr von Stauwasser und Nagetieren machte sich der Architekt Roberto Briccola auch hier zunutze und respektiert damit den Ort und die durch die Natur bedingten Eigenheiten. Gleichzeitig vermeidet das Gebäude in seiner entschiedenen Modernität jede Anspielung an eine historisch-nostalgische Alpenromantik. Eine Neubelebung des für die Walser-Speicher charakteristischen, gefälligeren Satteldachs findet insoweit nicht statt.

Das als Wochenendhaus genutzte Gebäude mit einem Grundriss von 4 mal 9,5 Meter beherbergt im Erdgeschoss den Eingang, den zusammenhängenden Wohn- und Essraum mit Küche

sowie im Obergeschoss zwei Zimmer mit einem Duschbad. Ausgerichtet ist das Haus in Richtung Süden, wodurch der Blick aus dem großen, bodengleichen Fenster im Erdgeschoss mit vorgelagerter Loggia auf das tiefer liegende Dorf und die Silhouette der Berge eingerahmt wird. Auch bei weiterer Bebauung des Grundstücks würde durch die Anordnung der kleineren Fenster an den Längsseiten dieses unverwechselbare Panorama unbeeinträchtigt bleiben.

Mit Ausnahme der betonierten Stützen besteht der gesamte Bau aus Holz: die Tragkonstruktion aus Tannenholz, die Innenverkleidung einschließlich der Böden aus Dreischichtplatten und die Fassade aus einer Schalung aus Lärchenholz, die mit den Jahren ihre typische silbergraue Patina annimmt.

Ob seiner ungewöhnlichen Architektur und seiner baukünstlerischen Qualität wurde dieses kleine Haus im Jahr 2000 mit einem Sonderpreis der Reiners Stiftung, Hamburg ausgezeichnet.

Der auf Stützen gestellte
Kubus ist eine zeitgemä-
ße Spielart des traditio-
nellen Walser-Speichers,
aufgeständert, komplett
in Holz gefertigt und
auf das Wesentliche
reduziert.

Durch die Aufständerung
fließt der Hang unter
dem Gebäude durch.
Das gewachsene Terrain
bleibt unverändert.

Das spartanische Innen-
leben schärft den Blick
für das Eigentliche –
die umgebende Natur.

ARCHITEKT: ROBERTO BRICCOLA, CH-GIUBIASCO

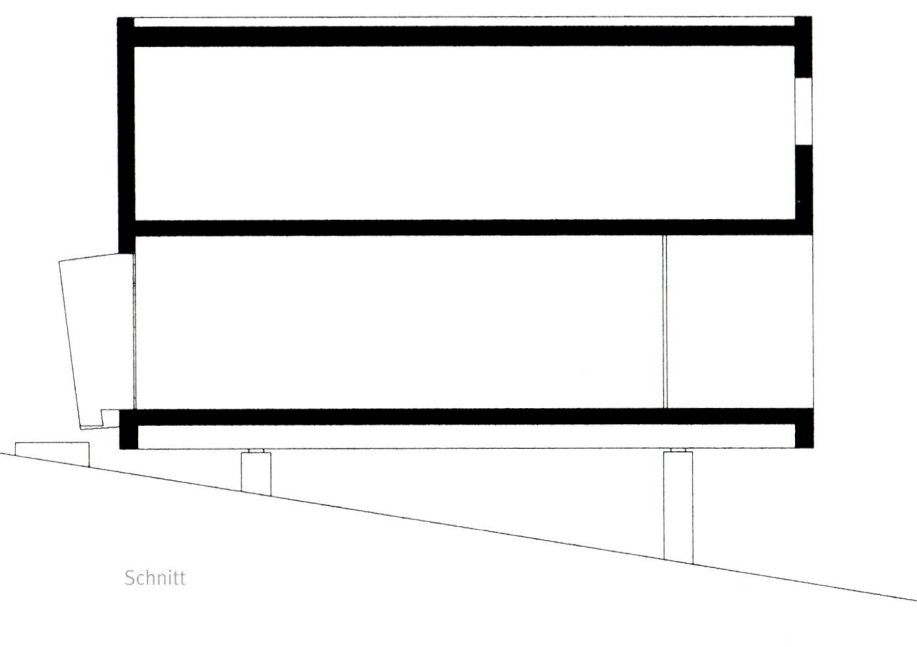

Schnitt

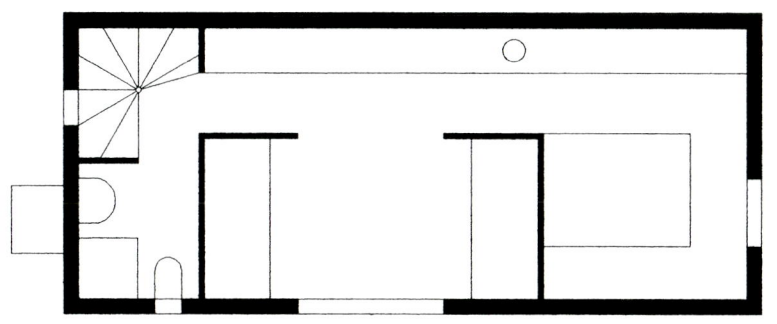

Obergeschoss

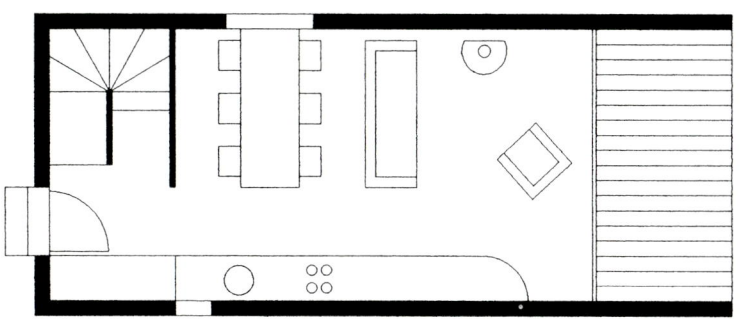

Erdgeschoss

Baudaten:

Anzahl der Bewohner:	2–4
Grundstücksgröße:	600 m²
Überbaute Fläche:	38 m²
Wohnfläche:	58 m²
Planungszeit:	2 Monate
Bauzeit:	1 Monat
Baujahr:	1998
Baukosten je m²:	sFr 2 900,–

1:100

FERIENHAUS IN CAMPO VALLEMAGGIA

Graue Schale, roter Kern

Gegenüber: Haus und Nebengebäude werden durch die Verwendung der gleichen Fassadenoptik und dem verbindenden Holzdeck zum Ensemble.

Auf einem kleinen, schmalen Baugrundstück am Ortsrand von Herzogenaurach baute sich das Architektenpaar Petra Hüttinger und Herbert Bucher ein kleines Wohnhaus für sich selbst. Richtschnur für den Entwurf dieses knapp 115 Quadratmeter großen kleinen Hauses war der Wunsch, zu einem angemessenen Budget ein besonderes Objekt zu planen, das hinreichend flexibel auf Änderungen der Lebensverhältnisse reagiert. Das Ergebnis ist ein langgestreckter, eingeschossiger Baukörper umgeben von einem umlaufenden Holzdeck, das das Haus mit einem Schuppen, der als Kellerersatz- und Hausanschlussraum dient, zu einem Ensemble verbindet.

In das offene, hallenartige Einraumhaus stellten die Architekten zwischen vier tragenden Stahlstützen einen leuchtend roten Kubus ein, der im wirkungsvollen Kontrast zur der Innenraumbeplankung aus Birkensperrholz-Platten steht. Dieser Block nimmt den Funktionsbereich Küche und Bad auf und grenzt gleichzeitig zu den zwei sich in Richtung Osten anschließenden Individualräumen mit der darüber befindlichen Galerie ab. Im Westen fügt sich der offene Wohnbereich an die Küchenzeile an. Je nach Wunsch kann der Innenraum als Einraum belassen oder auch mit Hilfe von Schiebeelementen, die an den tragenden Stahlstützen befestigt sind, zoniert werden.

Durch die klare, kompakte Gebäudeform, die einfache Konstruktion und den Verzicht auf einen Keller war es möglich, die Baukosten zu minimieren. Das Niedrigenergiehaus und der Schuppen wurden in Holzrahmenbauweise (Rastermaß 0,83 Meter) errichtet. Die Größe der Tafeln für die innere und äußere Beplankung ergibt sich aus der konsequent durchgehaltenen Logik der Konstruktion. Die klare Gliederung der grauen Holzzementplatten mit ihrem exakten Fugenbild ist ein wesentliches Gestaltungselement. Die durchdachte Detaillierung des Hauses mit seiner ungewöhnlichen Anordnung der profillosen naturholzfarbenen Fenster macht das Haus zweifellos zu dem gewünschten, individuellen Objekt.

Blick aus dem Wohnbereich nach Südwesten.

Tragstruktur und Kon-
struktionsraster dominie-
ren auch den wohltuende
Eleganz vermittelnden
Innenraum. Der rote Kern
nimmt Küche und Bad
auf.

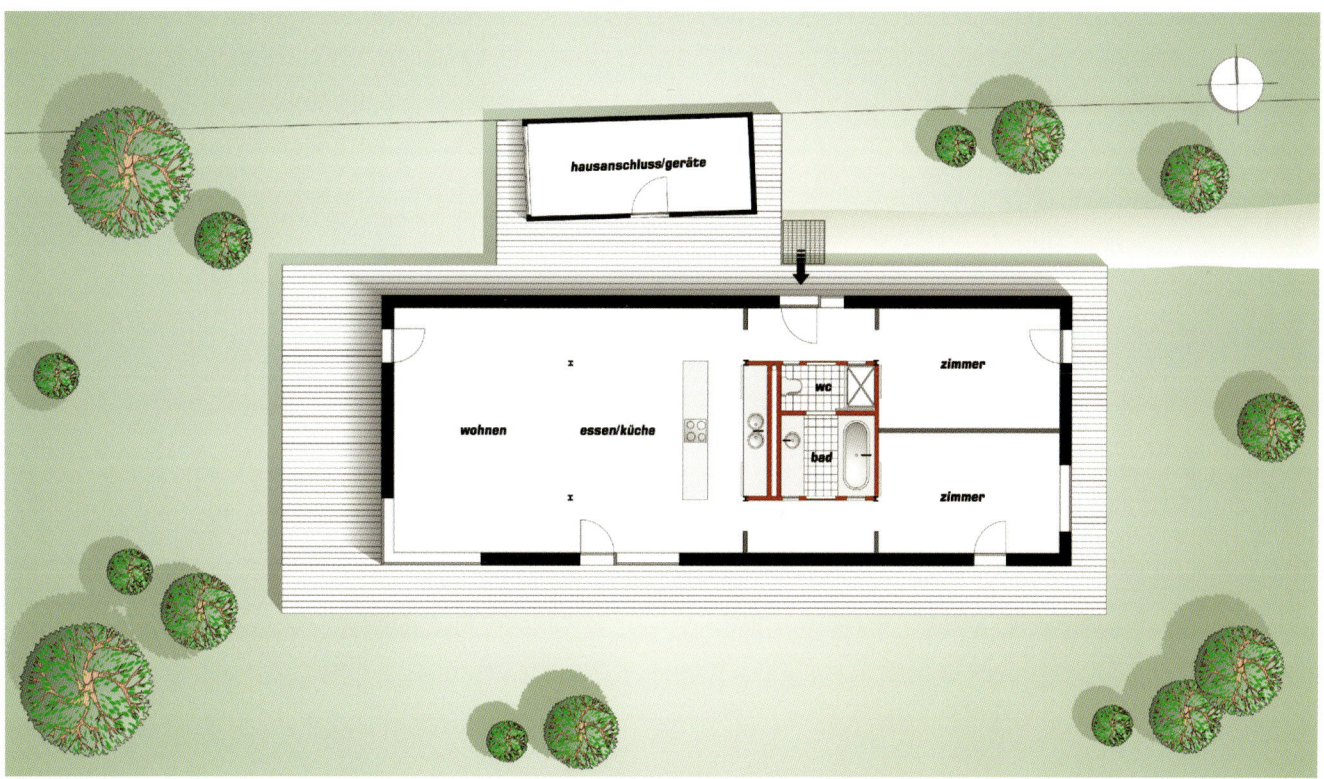

hausanschluss/geräte

wohnen   essen/küche   wc   zimmer

bad   zimmer

1:200

Baudaten

Anzahl der Bewohner:	2
Grundstücksgröße:	630 m²
Überbaute Fläche:	131 m²
Wohnfläche:	115 m²
zuzügl. Schuppen:	12 m²
Planungs- und Bauzeit:	1997–1999
Baukosten je m²:	€ 900,–

ZWEI-PERSONEN-HAUS IN HERZOGENAURACH

Unter Brüdern

Allein wegen der Lage des Baugrundstücks in Sichtnähe zum Ostseestrand verbot sich für den Zwei-Personen-Haushalt des Bauherrn ein standardisiertes Einfamilienhaus in Massivbauweise. Völlig freie Hand bei der Planung in Bezug auf die gewünschte, möglichst weit reichende Individualität des Gebäudes bestand allerdings nicht.

Die relativ eng gesteckten baurechtlichen Anforderungen gaben die grundsätzliche Struktur und die Form des Hauses vor: Die Positionierung des Baukörpers auf dem 1 250 Quadratmeter großen Grundstück musste einer festgelegten Baulinie folgen, die zu überbauende Grundfläche durfte 80 Quadratmeter nicht überschreiten. Darüber hinaus wurden die planerischen und gestalterischen Möglichkeiten durch das zwingend erforderliche Satteldach und die einzuhaltende Traufhöhe weiter empfindlich eingeschränkt. Das gebaute Ergebnis – eine Gemeinschaftsproduktion des entwerfenden Bruders Michael Dahm und dem ausführenden Architekturbüro PHS – zeigt, dass bei den konstruktiven und gestalterischen Details und in der Wahl der Materialien alle Freiheitsgrade genutzt wurden.

Die außenliegende Stahlkonstruktion als tragendes Gefüge schafft die gewünschte räumliche Flexibilität. Durch die Leichtbauweise können die Innenräume verändert beziehungsweise nachträglich komplettiert werden. Die offene Raumaufteilung lässt sich kurzfristig durch großflächige Schiebeelemente oder längerfristig durch das Stellen von Trockenbauwänden aufheben. Vom Singlehaushalt bis zur mehrköpfigen Familie bietet dieses Haus damit verschiedenen Lebensformen ein Dach über dem Kopf. Die Glasfassaden an der Nord-, Süd- und Westseite einschließlich der verglasten Giebel erlauben einen ungehinderten Ausblick auf die seegrasbewachsene

Umgebung. Über verschiebliche Lamellen kann an der Westfassade das einfallende Licht gefiltert werden.

Innerhalb der durch die örtliche Gestaltungssatzung vorgegebenen Standards gelang es, ein individuelles Haus zu bauen, das Natur und Witterung erleben lässt und dessen Qualität sich vor allem in der der Landschaft angepassten Auswahl der Baustoffe offenbart. Glas, Stahl und Holz wecken unaufdringlich maritime Assoziationen.

Die geschlossene Eingangsseite nach Osten.

Architekten: Michael Dahm, Hamburg, mit Architekturbüro PHS, Greifswald

Vorgefertigte Stahl-,
Fassaden und Wand-
elemente erlaubten eine
sehr enge Montagefolge.

Der Innenraum ist durch
die gewählte Stahlskelett-
bauweise geprägt. Ober-
und Erdgeschoss sind
offen, leicht und flexibel.

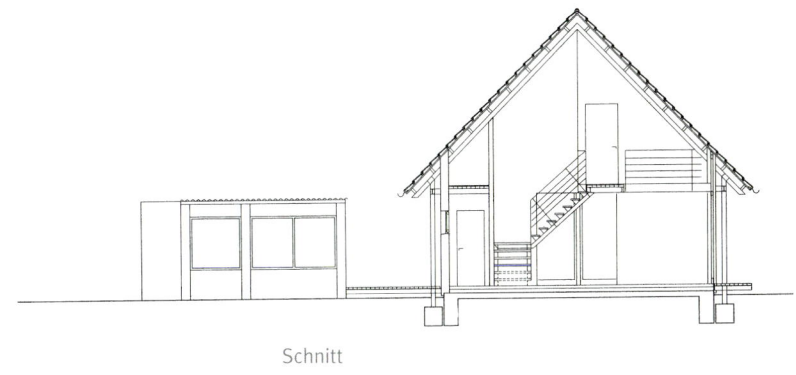

Schnitt

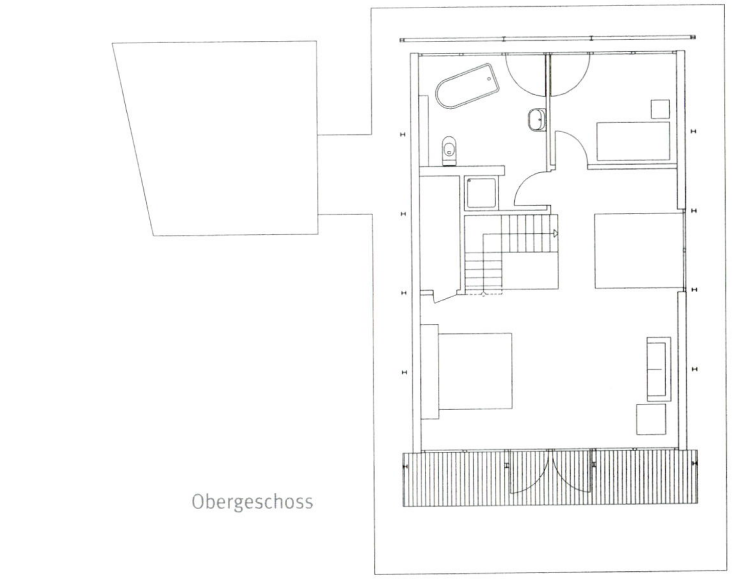

Obergeschoss

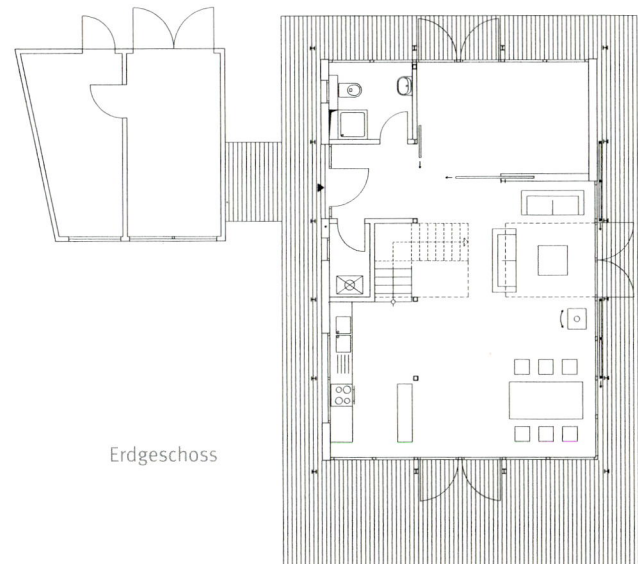

Erdgeschoss

Baudaten

Anzahl der Bewohner:	2 + Hund
Grundstücksgröße:	1 250 m²
Überbaute Fläche:	80 m²
Wohnfläche:	130 m²
Nutzfläche, Atelier:	26 m²
Planungsbeginn:	1997
Fertigstellung:	1998
Eigenleistung:	€ 13 000,–
Baukosten je m²:	€ 1 200,–

1:200

ZWEI-PERSONEN-HAUS AN DER OSTSEE

Öfter im Leben
– oder Bauen als Prozess

Der Blick entlang des
Hauses entlang Richtung
Walgau.

Die Photovoltaik-Anlage
ist Teil des Fassaden-
konzepts.

In sage und schreibe zehnjähriger Bautätigkeit
entstand dieses eigenwillige Objekt, gedacht als
eigenständiger Erweiterungsbau zum bestehenden Wohnhaus. Aber anders als beim Haupthaus
stand beim Neubau die Lust am Bauen, nicht
mehr die Notwendigkeit zum puren Raumgewinn
im Vordergrund. Anstelle exakt zugeordneter
Raumfunktionen in abgeschlossenen Zimmern,
ausgelegt für eine mehrköpfige Familie, ist dieses Einraumhaus nutzungsoffen – als kreative
Zelle, Wohnatelier oder schlicht als Ort der Ruhe
und Muße.

Eine Garage bildet den massiven Sockel für
das auf den ersten Blick verwirrende Gebäude.
Eine an der Längsseite verlaufende Treppe führt
in den ca. 4 Meter hohen Hauptraum. Er ist völlig
flexibel gehalten und durch in die Wände integrierte Einbauelemente zu Küche, Wohn- oder
Schlafraum wandelbar.

Auf etwa halber Höhe verzahnt sich dieser
Raum mit einer aus dem Volumen herausgedreh-
ten Galerieebene. Dieser sehr schmale, rechteckige Baukörper in Containergröße, dessen Glasfassade von zarten Aluminiumprofilen rhythmi-
siert wird, erhielt seine Gestalt und Ausrichtung
aus der Orientierung am Sonnenlauf und der
Blickrichtung zu den Bergen des Walgaus und
Liechtensteins. Ein in Längsrichtung verlaufender
Schlitz mit begehbarem Glas in der Decke lässt
Tageslicht in die darunter befindlichen Bereiche
dringen und nimmt der massiven Untersicht die
Schwere.

Erstellt ist der Bau als Mischkonstruktion
aus Stahlbeton- und Leichtbau, dessen Fassade
in Teilen mit Aluminiumtafeln beplankt wurde.

Architekt und Bauherr hatten neben dem
Spiel der verschiedenen Baukörper im Licht der
Sonne auch die Nutzung der Sonnenenergie für
das Einraumhaus im Sinn: neben den passiven
Wärmegewinnen durch die Verglasung und
Ausrichtung des Galeriebaukörpers verfügt das
Haus über eine Photovoltaik-Anlage zur Strom-
gewinnung.

Ähnlich innovative Kraft besaß der Bauherr
übrigens bereits beim Bau seines ersten Hauses,
bei dem es sich um den ersten Lehmbau in Vor-
arlberg handelt.

Mit expressiver Geste
dreht sich der Glas-
container aus dem
Hausvolumen heraus.

Ansicht von Südosten.

Der Innenraum
des lichten
Galeriebaukörpers.

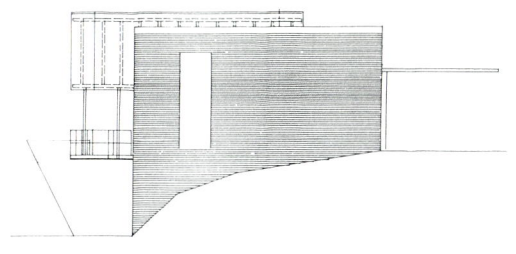
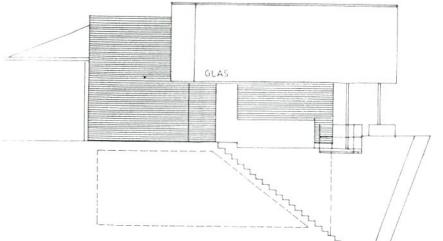
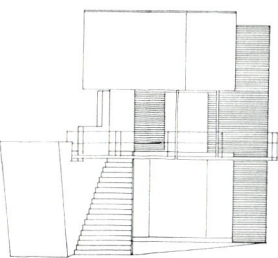

Ansichten

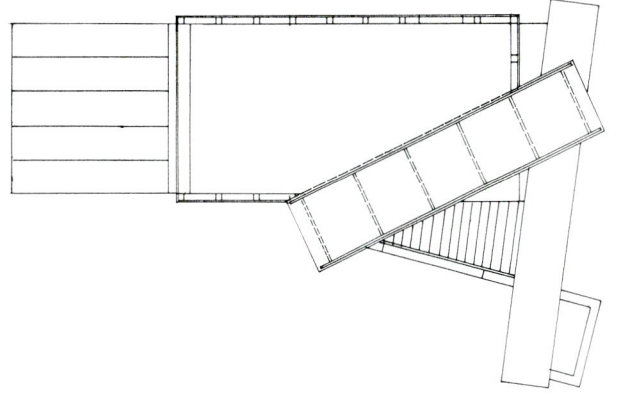

Galerieebene

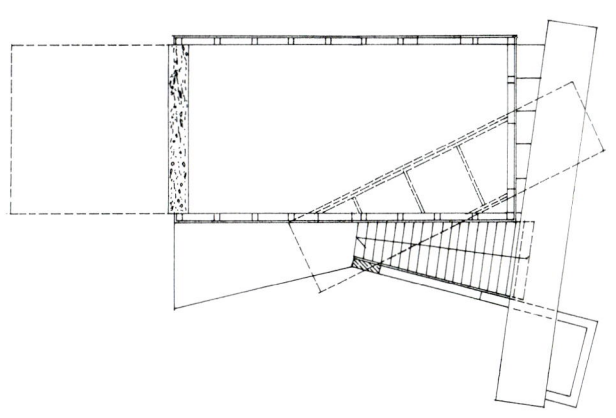

Erdgeschoss

Untergeschoss

Baudaten

Anzahl der Bewohner:	1
Grundstücksgröße:	800 m²
Überbaute Fläche:	45 m²
Wohnfläche:	55 m²
Zusätzliche Nutzfläche:	50 m²
Baubeginn:	1991
Fertigstellung:	2001
Baukosten:	€ 100 000,–
Eigenleistung:	€ 50 000,–

1:200

EIN-PERSONEN-HAUS IN SCHLINS

Hüttenzauber

Die in den 60er Jahren in den Engadiner Bergen 1 700 Meter über N.N. gebaute Jagdhütte drohte wegen des drückenden Hangs immer mehr in Richtung Abgrund zu rutschen. Der Wunsch, die Wohnfläche durch einen Anbau zu vergrößern, verlangte daher nicht nur gestalterische Lösungen und Entscheidungen, sondern stellte auch einige technische Herausforderungen an die Planer zum Erhalt des Bestands: Ihre Idee war, die kleine Blockhütte gemeinsam mit dem neu zu erstellenden Anbau auf eine verwindungssteife Betonplatte zu platzieren, die mit Hilfe von Betonpfählen ähnlich wie Tischfüße in tiefer liegenden tragenden Erdschichten gegründet ist. Um die Platte schalen und betonieren zu können, wurde das Blockhaus angehoben und um Gebäudebreite verschoben, um schließlich wieder zurück an seinen ursprünglichen Ort verbracht zu werden.

Das nahezu quadratische, eingeschossige Blockhaus mit Satteldach und der rechteckige, pultbedachte Anbau sind in der Weise miteinander verschnitten, dass Teile der ehemaligen Außenfassade zu Elementen der innenräumlichen Gestaltung wurden. Die entsprechend behördlicher Zulässigkeitsgrenzen um 100 Prozent erweiterte Fläche bietet jetzt Platz für einen Wohnküchenbereich sowie einen Schlafteil mit Nasszelle. Im Gegensatz zur Massivholzkonstruktion des Altbaus wurde eine zimmermannsmäßige Holzständerkonstruktion für den Anbau gewählt und mit einer feingliedrigen Struktur aus Lärchenholz – aus den nahe liegenden Wäldern stammend – beplankt.

Die Fenster des Anbaus sind fest verglast. Die Lüftung funktioniert über geschlossene Öffnungsflügel mit integrierten Moskitogittern. Das Konzept der konsequent ressourcenschonenden Bauweise, die den Bestand intelligent integriert, wird durch den Einsatz von Solarzellenbatterien zur Stromerzeugung abgerundet.

ARCHITEKTEN: FRIGG SCHRADER, CH-ZÜRICH

Das alte Blockhaus wird
förmlich in den Neubau
eingesogen.

Teile der alten Außen-
fassade bilden Elemente
der Innengestaltung.

ARCHITEKTEN: FRIGG SCHRADER, CH-ZÜRICH

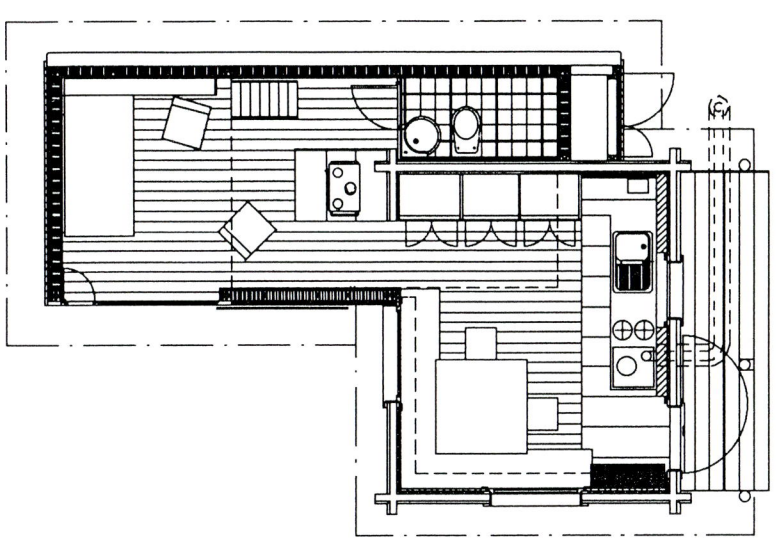

1:100

Baudaten

Anzahl der Bewohner:	2 (bis zu 6)
Grundstücksgröße:	1 088 m²
Überbaute Fläche:	40 m²
Wohnfläche:	28 m²
Nutzfläche inkl. Außenfläche:	80 m²
Planungszeit:	6 Monate
Bauzeit:	6 Monate
Baujahr:	1963/1998
Baukosten:	sFr 200 000,–
Eigenleistung:	sFr 24 000,–

FERIENHAUS IN LAVIN

Differenzierter Klangkörper

In seiner äußeren Form mit dem leicht geneigten, ziegelgedeckten Satteldach wirkt dieses Ein-Personen-Haus für einen Musiker, der hier Wohnen und Arbeiten verbinden möchte, zunächst schlicht und durchaus konventionell. Wie einfühlsam und innovativ die Architekten jedoch Raumkonzept, Topografie, Konstruktion, Materialwahl, Farbgebung und Details bei der baulichen Umsetzung zu einer ganzheitlichen Lösung von großer Schlüssigkeit geführt haben, erschließt sich bei der intensiveren Betrachtung.

Am Anfang der Planung stand die Auseinandersetzung mit dem Ort, das heißt der direkten Beziehung des zu bebauenden Grundstücks zum angrenzenden Wald, der Lage am Ortsrand und den Determinanten einer Hanglage. Der Übergang von der Bebauung des Ortes Glonn zur bewaldeten Landschaft wurde zentraler Entwurfsgedanke. Passend zur Umgebung wurde als Primärkonstruktion eine Holzständerbauweise gewählt. Durch bündige Holzplatten und Fensterelemente entstand eine glatte Außenhaut.

Das prägende Erscheinungsbild erhält das Haus durch die differenzierte Gestaltung der Längsfassaden. Die nordwestlich gelegene Straßenfassade bildet mit den Stirnseiten durch die grau lasierte Oberfläche eine optische Einheit. Der scharf eingeschnittene Eingangsbereich, der auf die Linie der anschließenden Garagen zurückspringt, setzt einen deutlichen gestalterischen Akzent.

Noch stärker wirkt die leicht herausgedrehte, dem Wald zugewandte Südostseite. Hier verliert das Haus durch die tiefen, horizontalen Lamellen aus sägerauen Baumkanten vor dem Obergeschoss seine Bündigkeit und signalisiert die unmittelbare Waldnähe. Die komplett auch über Eck verglaste Erdgeschossebene erhielt gleichartige Lamellenroste als Sonnenschutz.

Der offene Grundriss des Erdgeschosses wird durch die quer liegende Treppe und einen in Längsrichtung verlaufenden Höhenversatz strukturiert. Analog zum Fassadenkonzept befinden sich auf der ruhigen Waldseite die Bereiche Essen und Musizieren; Küche, WC und Büro sind zur Straße hin orientiert. Im Obergeschoss vervollständigen die Schlaf- und Gästezimmer mit dem Galeriebereich das Raumprogramm.

Die »Waldfassade« mit ihren sägerauen Lamellen im Obergeschoss im Kontrast zur glatten »Ortsfassade«.

Im stark eingeschnittenen
Eingangsbereich geht die
glatte Fassade in eine
horizontale, naturbelas-
sene Holzschalung über.

Links und gegenüber:
Das Erdgeschoss.
Hinter dem Regal ver-
birgt sich die Treppe
ins Obergeschoss.

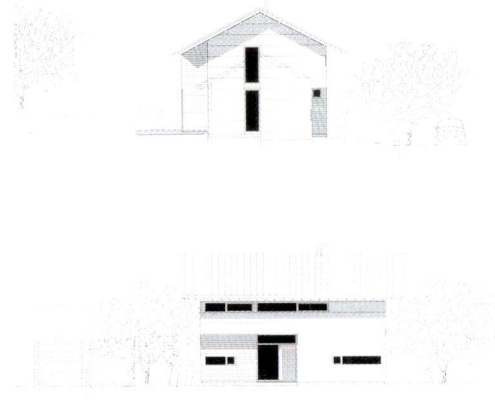

Das Bad und der Treppen-
austritt im Obergeschoss.
Die Perfektion des Innen-
ausbaus liegt neben der
bis in den kleinsten
Winkel durchdachten
Detaillierung durch die
Architekten zweifelsohne
auch an der präzisen
handwerklichen Arbeit.

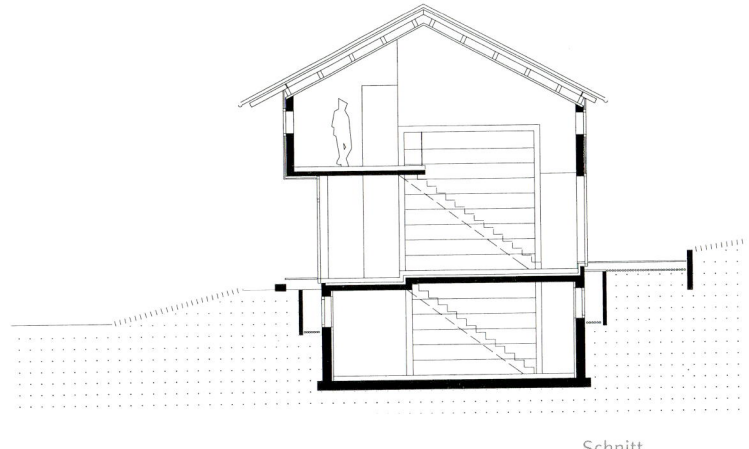

Schnitt

Baudaten

Anzahl der Bewohner:	1
Grundstücksgröße:	656 m²
Rauminhalt:	636 m³
Wohnfläche:	120 m²
Nutzfläche, Keller:	21 m²
Planungsbeginn:	1998
Fertigstellung:	1999
Baukosten:	€ 237 240,–

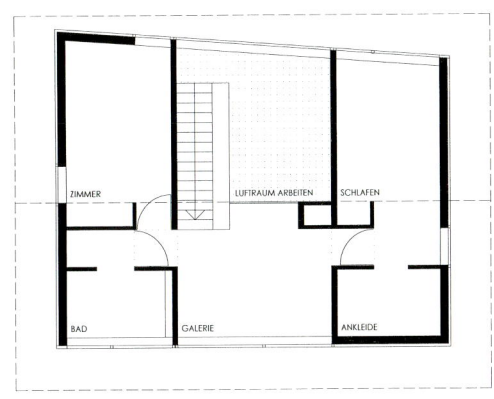

ZIMMER LUFTRAUM ARBEITEN SCHLAFEN

BAD GALERIE ANKLEIDE

Obergeschoss

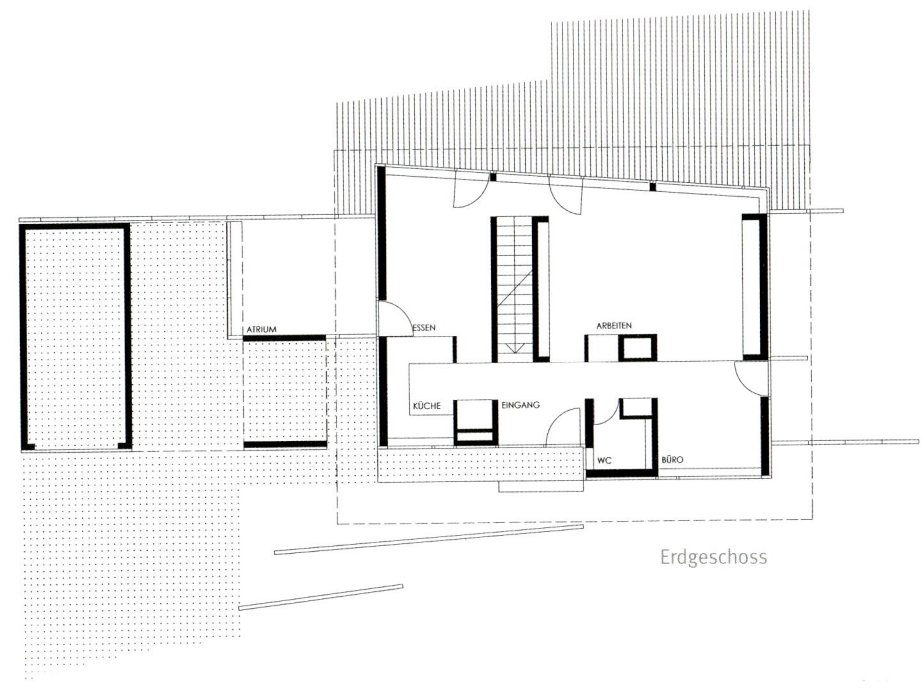

ATRIUM

ESSEN ARBEITEN

KÜCHE EINGANG

WC BÜRO

Erdgeschoss

1:200

EIN-PERSONEN-HAUS IN GLONN

»Das kleinste Haus der Welt«

Das mit lediglich 50 Quadratmeter Wohnfläche extrem kleine Haus wurde in unmittelbarer Nähe des Einfamilienhauses gebaut, in dem die Bauherrin – eine 75-jährige Gräfin aus Salzburg – bisher lebte und das jetzt von der mehrköpfigen Familie ihres Sohnes bewohnt wird. Das in Österreich unter dem Begriff »Austraghaus« bekannte bäuerliche Wohnkonzept des Altenteils kam hier zum Einsatz, das als Synthese von Privatheit und Eingebundenheit die Individualsphäre der verschiedenen Bewohner durch die bauliche Trennung schützt und gleichzeitig den für alle Seiten vorteilhaften generationenübergreifenden Kontakt möglich macht. In die Planungsüberlegungen brachte die Bauherrin ihre ausgeprägten Vorstellungen von einem auf ihre persönlichen Bedürfnisse zugeschnittenen Raum- und Infrastrukturprogramm ein.

Nach dem Entwurf der Architekten Elsa Nichol und Edgar Spraiter entstand so ein kompakter, quadratischer eingeschossiger Baukörper aus Holz, der sich über einem in den Hang gegrabe-

nen Kellergeschoss aus Beton erhebt. Die Trennung zwischen dem oberen Geschoss in hochwärmegedämmter Holzbauweise und der unteren Betonebene wird gestalterisch durch eine Glasfuge zwischen »kaltem« und »warmem« Bauteil markiert. Aufgrund des Geländeabfalls und des felsigen Untergrunds maßen die Architekten der exakten Positionierung der erdberührenden Bauteile auf dem Grundstück besondere Bedeutung bei, um Sprengarbeiten zu vermeiden und den Aushub zu minimieren.

Das mit Schlaf- und Wohnzimmer sowie Bad/Ankleide und Kochnische auf das Wesentliche reduzierte Raumangebot wird durch eine Garage und einen langgestreckten Lagerraum im Kellergeschoss ergänzt. Ein Lift als eigenständiges bauliches Element erleichtert den Zugang zum oberen Geschoss.

Um die gewünschte Energieeffizienz zu erreichen, wurde der eingeschossige Holzbaukörper hermetisch nach allen Seiten hin hochwärmegedämmt mit besonderem Augenmerk auf den darunter liegenden, ungedämmten Baukörper. Auf die zunächst angestrebte Passivhauslösung mit kontrollierter Raumluft wurde zugunsten einer Frischluftversorgung über großflächig zu öffnende Fensterflächen an der Süd- und Westseite verzichtet. Komplett wegschiebbare Falttüren schaffen einen nahtlosen Übergang vom Innenraum zu dem großzügig geschnittenen, den Hangverlauf nachzeichnenden Balkon mit freiem Blick in die Salzburger Berglandschaft.

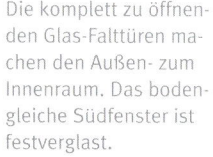

Die komplett zu öffnenden Glas-Falttüren machen den Außen- zum Innenraum. Das bodengleiche Südfenster ist festverglast.

Das leichte Holzhaus
scheint am massiven
Lift aufgehängt zu sein.

 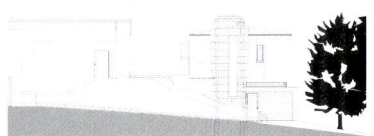 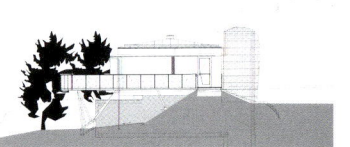 

Lammellentüren verschatten den Innenraum. Der raumsparende Innenausbau wurde ebenfalls von den Architekten bis ins Detail geplant.

Baudaten

Anzahl der Bewohner:	1
Grundstücksgröße:	400 m²
Wohnfläche:	50 m²
Nutzfläche, Keller:	16 m²
Fertigstellung:	2001
Baukosten:	€ 261 000,–

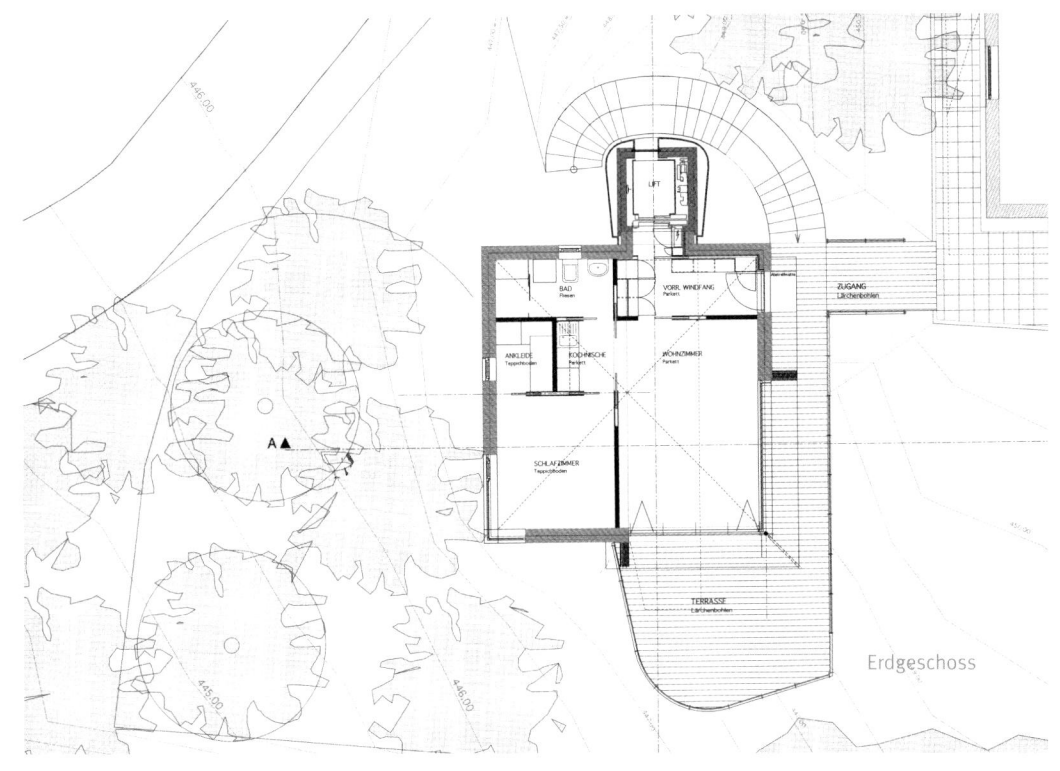

Erdgeschoss

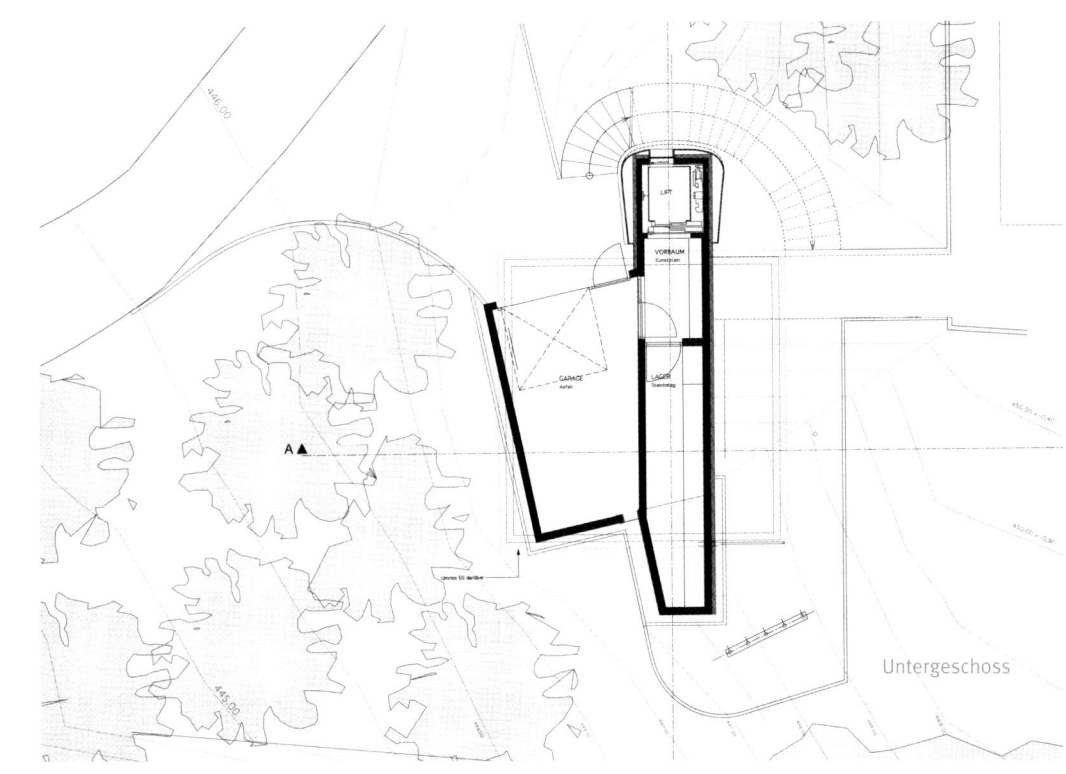

1:200

Untergeschoss

EIN-PERSONEN-HAUS BEI SALZBURG

Innere Größe

Mit seiner schlichten Form in Anpassung an die vorhandene Bausubstanz und seiner Lage inmitten von Sträuchern und Bäumen an ein Gartenhäuschen erinnernd erfüllt dieser Winzling als Ergänzung zur Wohnung in der Stadt alle Bedingungen, die den elementaren Wohnbedürfnissen einer dreiköpfigen Familie entsprechen. Dieses kleine Haus mit einer Wohnfläche von nur 56 Quadratmetern wurde dabei in einfacher Bauweise und mit einem substanziellen Eigenleistungsanteil erstellt, wodurch die Baukosten im akzeptablen Rahmen gehalten werden konnten.

Dass trotz der geringen Grundfläche nicht der Eindruck von Enge und Beklemmtheit entsteht, ist einer perfekten Raumplanung vom Boden bis unter den Dachfirst zu verdanken. Der mit einem Luftraum mit Blick bis in das Dach ausgestattete Hauptraum birgt als Kernstück des Hauses den Wohn- und Essbereich auf der einen sowie Bad,

Garderobe mit dem Eingang auf der anderen Seite. Als Raumteiler wirken die ökonomisch eingerichtete Kochzeile sowie das geschickt über den Esstisch platzierte, bis unter die Decke reichende Regal. Die schön gestaltete, zwar steile, aber gleichwohl sicheren Halt bietende Stahltreppe als Blickfang führt über den Esstisch hinweg nach oben auf die 16 Quadratmeter große Schlafgalerie.

Der Schlafbereich steht in optischer Beziehung zum Hauptraum. Auch das Bad ist über innere Fensterschlitze mit der Wohnebene verbunden. Unterstützt durch die einheitliche innere Wand- und Dachverkleidung aus großformatigen Seekieferplatten lässt diese Grundrissgestaltung statt Zimmern Räume entstehen. Die in ihrer Wirkung klug kalkulierte Anordnung der Fenster in den Raumecken schafft allseitige Bezüge nach draußen und diagonale Blickbeziehungen im Inneren des Hauses, wodurch die Längsausdehnung des Hauses betont und erfahrbar wird. Vorgelagerte Holzterrassen vergrößern den Wohnraum nach außen. Auf diese Weise entstand trotz der überaus knapp bemessenen Dimensionierung ein wunderbar leichtes, großzügig wirkendes kleines Haus zum Wohlfühlen.

Das Haus ist als Holz-
skelettbau mit Pfetten-
dach und gemauertem
Kern konzipiert. Aus-
richtung und Dachform
des Hauses berücksich-
tigen die Vorgaben der
örtlichen Gestaltungs-
satzung.

Anstelle von Zimmern
entstanden Räume, die
trotz der Kleinheit Weite
entstehen lassen.

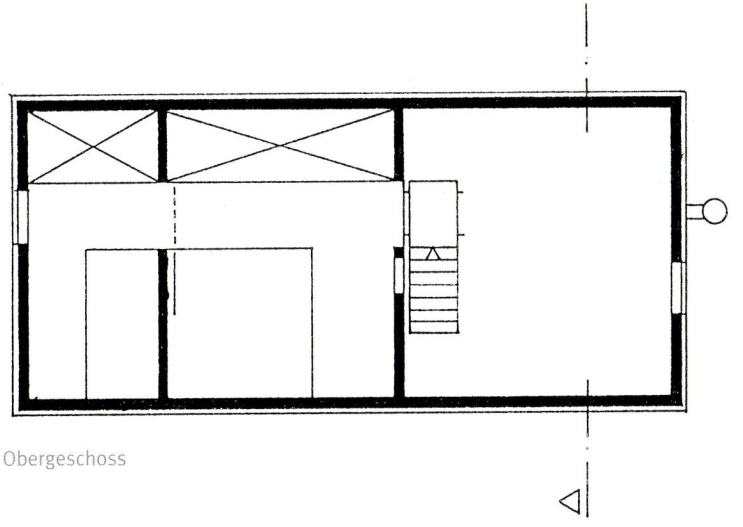

Obergeschoss

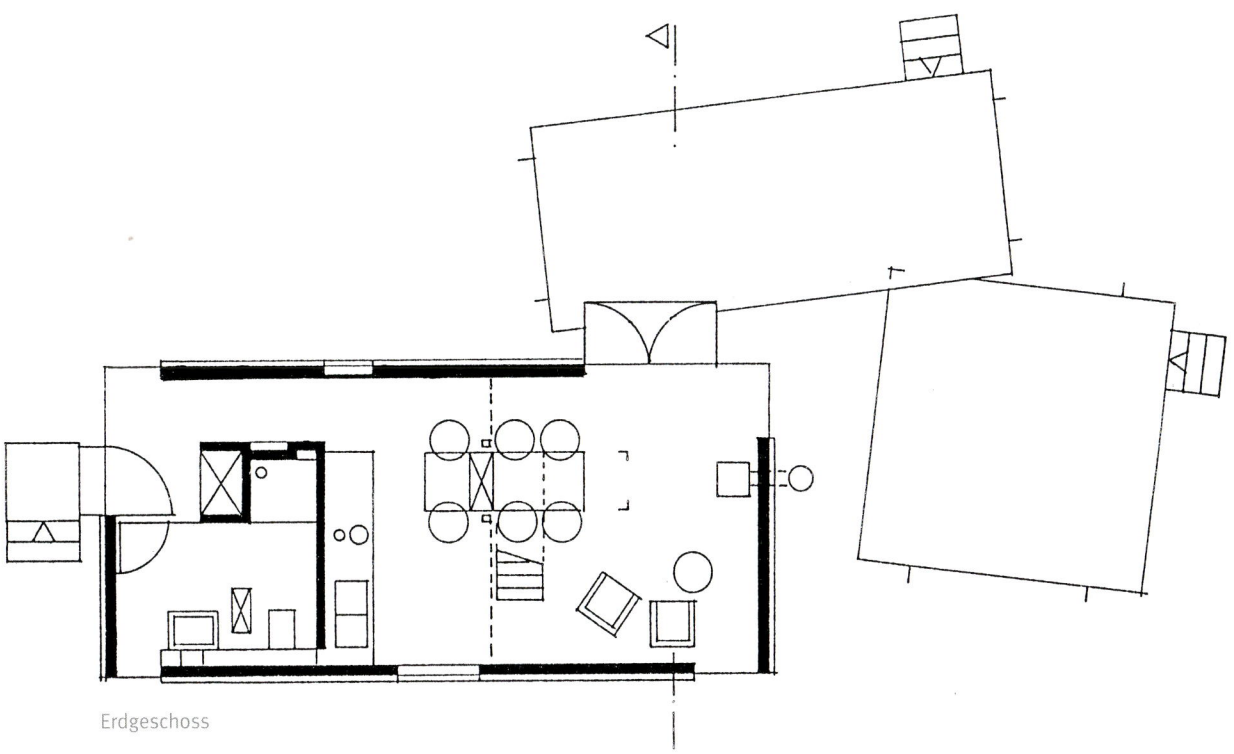

Erdgeschoss

1:00

Baudaten

Anzahl der Bewohner:	1–3
Grundstücksgröße:	1 700 m²
Wohnfläche:	56 m²
Planungsbeginn:	April 1994
Baubeginn:	Juni 1996
Fertigstellung:	Dezember 1997
Baukosten je m²:	€ 820,–

FERIENHAUS IN DER PFALZ

Zukunft in Blau

Ein jahrhundertealter Vorgang – die ältere Generation überträgt ihr Haus der jüngeren Generation und zieht sich auf ein Altenteil in der direkten Nachbarschaft zurück – wurde hier neu belebt und zeitgemäß umgesetzt. In der Schweiz ist das »Stöckli« bekannt als kleines Wohnhaus auf dem Grundstück des bäuerlichen Hofes. Der junge Architekt Christoph Gysin baute seinen Eltern auf der langen schmalen Parzelle der fragmentarischen, zwischen 1912 und 1914 erbauten Gartenhaussiedlung Münchenstein bei Basel einen ebensolchen Rückzugsort. Hinter- und Vorderhaus wurden zueinander orientiert und bilden nun einen gemeinsamen Hofraum als Ort des sozialen Kontaktes zwischen den Generationen.

Der ungünstige Zuschnitt der langgezogenen Parzelle und die Restriktionen des Grenzbaurechts, die auf einer Grundfläche von 58 Quadratmeter nur eine überbaute Nutzfläche von 35 Quadratmeter erlaubten, verlangten für diese Nachverdichtung die architektonische Optimierung von Raum und Funktion.

Positioniert wurde der kleine in Massivbauweise ausgeführte Baukörper, errichtet mit einer Außenwandkonstruktion aus Kalksandsteinmauerwerk und Sichtbeton mit hinterlüfteten, schichtholzbeplankten blau gestrichenen Fassaden, daher auf der Parzellengrenze. Die auch im Inneren erlebbare roh belassene Konstruktion entsprach dem Wunsch der Bauherren nach einer puren, materialechten Raumwirkung.

Die Raumaufteilung ist einfach. In der Mitte der drei gestapelten Wohnebenen befinden sich als Hauptaufenthaltsraum die Küche mit Essnische und Wohnraum, im Obergeschoss der Schlafplatz mit angrenzendem Bad und Loggia nach Südwesten sowie im Sockelgeschoss das Arbeits- beziehungsweise Gästezimmer mit Ausgang zum kleinen Hof in Richtung Süden sowie eigenem Bad und WC.

Das Seniorenpaar hat sich in dieser schlichten, praktischen, jungen »Wohnkiste« wunderbar eingerichtet, die ihm die gewünschte Reduktion und Erleichterung im Alter verschafft.

Das »Stöckli« steht auf der langgestreckten, schmalen Parzelle des elterlichen Hauses und öffnet sich zu diesem nach Süden.

ARCHITEKT: CHRISTOPH GYSIN, CH-BASEL

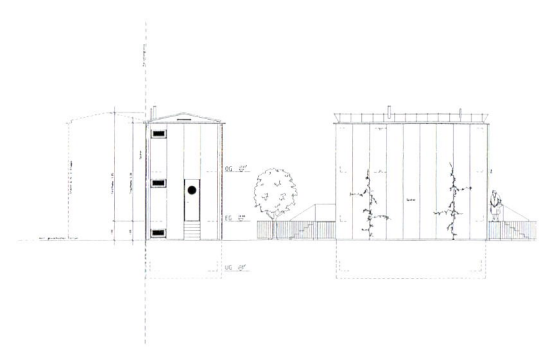

Der Innenraum im Ober-
und Erdgeschoss ist durch
die Materialien Sichtbeton,
Kalksandstein und Holz-
parkett geprägt.

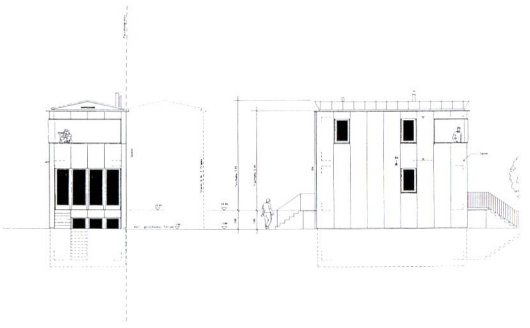

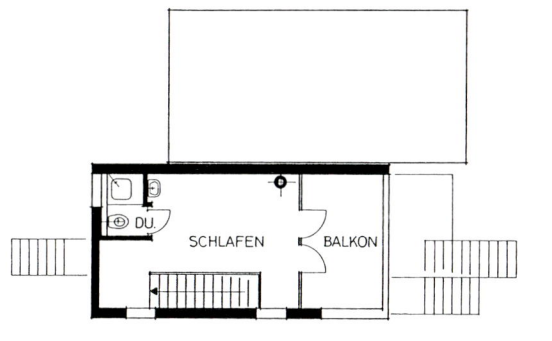

Obergeschoss

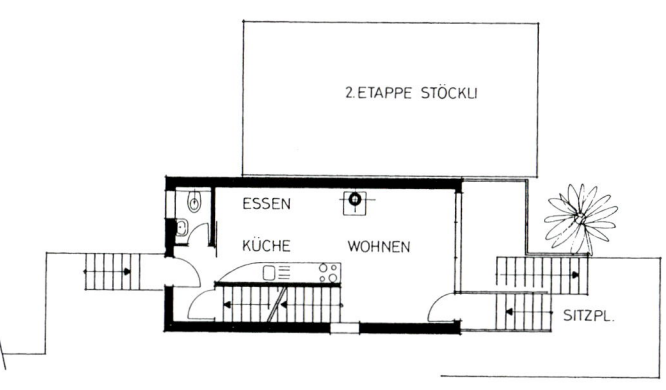

Erdgeschoss

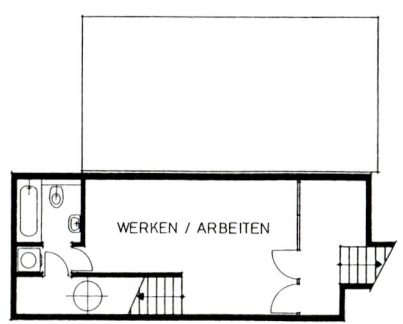

Untergeschoss

Baudaten

Anzahl der Bewohner:	2
Grundstücksgröße:	135 m²
Überbaute Fläche:	34,5 m²
Wohn- und Nutzfläche:	55 m²
Rauminhalt:	358 m³
Bauzeit:	6 Monate
Baujahr:	1994
Baukosten je m²:	sFr 1 050,–

1 : 200

ZWEI-PERSONEN-HAUS BEI BASEL

Le Chalet en pastel

In Reminiszenz an die traditionellen Walliser Nutzbauten stellen sich Form und Detaillierung des als Ferienhaus genutzten Gebäudes im Schweizer Kanton Wallis dar. Das in seiner äußeren Gestalt wie ein klassisches Chalet anmutende Haus entpuppt sich im Innenbereich als moderne, farbenfrohe und höchst funktionale Architektur.

Das auf annähernd quadratischem Grundriss erfüllte Raumprogramm umfasst im Erdgeschoss neben der Garage die Gemeinschaftsräume Wohnen, Essen und Küche mit Kamin. Das über Eck gesetzte, nach Süden orientierte Panoramafenster fängt den Blick auf den Berg Besso ein. Im Obergeschoss befinden sich zwei Bäder sowie vier flexibel nutzbare Zimmer. Diese Aufteilung in zwei gleichberechtigte Hälften erlaubt eine komfortable und unabhängige Bewohnbarkeit durch Eltern, Kinder oder Gäste. Beide Geschosshälften werden von einem durchgehenden, beidseitig belichteten Gang getrennt. Besondere Finesse des Entwurfs ist, dass alle Türen Schiebetüren sind und ausnahmslos an den Außenwänden positioniert sind, wodurch eine durchgängige Zone entlang der Innenfassade entsteht.

Konstruiert ist das zweigeschossige Gebäude aus vorgefertigten Holzelementen, die in nur zweieinhalb Tagen auf einem als Wanne ausgebildeten Betonsockel montiert wurden. Die Größe der im hohen Grad vorgefertigten Elemente (bis hin zu Isofloc-Dämmung, Steckern und Schaltern) wurde auf Lastwagenmaß und den Kurvenradius der zur Baustelle führenden Straße abgestimmt. Die sinnige Lagerstätte des Kaminholzes in der Außenfassade heitert die ansonsten wie bei seinen Vorbildern übliche dunkle bis schwarze Erscheinung des Hauses auf. Dies setzt sich sogar vor einigen Fenstern fort, sodass sich nach innen und außen wechselvolle Lichtspiele ergeben.

Die umlaufenden Holzstäbe simulieren eine regionaltypische Struktur. Im Erdgeschoss werden die Stäbe zu »Regalen«, die das Kaminholz aufnehmen.

Im Kontrast zur dunklen, auf den Ort bezogenen Außenfassade steht die sehr moderne pastellfarbene Innengestaltung, die auch zu einem großstädtischen Loft passen könnte.

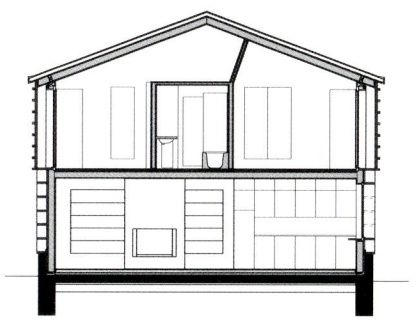

Schnitt

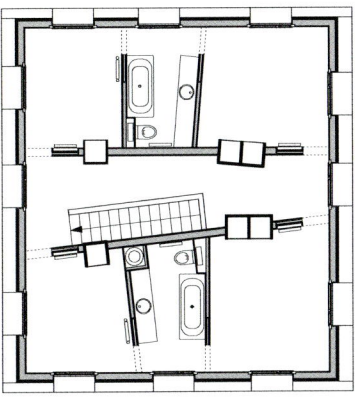

Obergeschoss

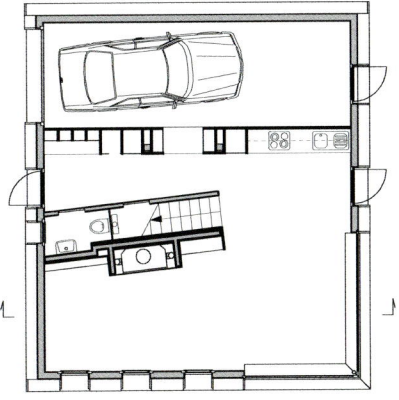

Erdgeschoss

Baudaten

Anzahl der Bewohner:	4–8
Grundstücksgröße:	650 m²
Überbaute Fläche:	80 m²
Wohnfläche:	152 m²
Planungsbeginn:	Oktober 1998
Baubeginn:	Juni 1999
Fertigstellung:	Dezember 1999
Baukosten:	sFr 770 000,–

1:200

FERIENHAUS IN ZINAL

Aus Freude am Bauen

An einem Vormittag aufgestellt wie ein Kartenhaus – das Minimalhaus in der Rohbaufassung der Familie des Architekten Hubert Gaupp in Meckenbeuren am Bodensee. Die Außenwände einschließlich der Decke stellten Holzbauer aus acht vorgefertigten Holztafeln auf der 3,60 mal 15 Meter großen Ortbetonplatte auf; den Rest der handwerklichen Arbeiten bestritt die Familie des Architekten in einer gemeinschaftlichen Ferienaktion selbst. Dazu gehörte insbesondere die Verschraubung der Außenhaut aus grau lasierten Zementfaserplatten.

Entsprungen war der Wunsch nach einem Mehrzweckhaus in unmittelbarer Nähe zum Haupthaus den vielfältigen Nutzungsbedürfnissen der Familie, die von einem Atelier für künstlerische Aktivitäten über ein Gästehaus mit Schlaf- und Bewirtungsmöglichkeiten bis hin zu einer möglichen ebenerdigen Wohnlösung im Alter für zwei Personen oder schlicht einem Gartenhaus als Treffpunkt für die ganze Familie reichten. Entstanden ist ein schmales Einraumhaus mit einem leicht gewölbten Dach aus Alu-Wellblech, dessen Höhe von 3,60 Meter den durch nicht deckengleiche Schiebewände unterteilten Raum weitläufiger erscheinen lässt als er in Wirklichkeit ist. Weiterer spannender Nebeneffekt – das Haus in seiner kubischen Form ist über die gesamte Länge erlebbar. Fest eingebaut sind nur die Kochnische, das Bad sowie ein Abstellraum mit Garderobe. Die verschiebbaren Raumelemente aus MDF-Elementen aufgehängt an Stahlträgern erlauben in kurzer Zeit innerräumliche Veränderungen, damit es die gewünschte Nutzung verlangt, und bieten insofern eine variable Grundrissgestaltung.

Die Differenziertheit der Architektur und die Liebe zum Detail zeigen sich in der ausgefuchs-ten Fenstergestaltung des Hauses, die vor Ort erprobt zum einen für ideale Lichtverhältnisse im Hausinneren und zum anderen für eine wirkungsvolle Gartenfassade sorgt.

Auf Einfachheit in Material und Details legten die Bauherren großen Wert – und das nicht in erster Linie aus Kostengründen. Die einfache Konstruktion und Low-cost-Bauweise steht nicht im Gegensatz zu der differenzierten Architektur und der wirkungsvollen grafischen und plastischen Wirkung.

Die spannungsreich gesetzten unterschiedlichen Fenster- und Türöffnungen in der klar strukturierte Fassade aus lasierten Faserzement-Platten.

Das Mini-Kompletthaus
lebt von seiner einfachen
Form und den schlichten
Materialien im Innen-
und Außenbereich. Die
innere Zonierung erfolgt
über Schiebetüren.

1 : 200

Baudaten

Anzahl der Bewohner:	1–2
Grundstücksgröße:	900 m²
Überbaute Fläche:	58 m²
Wohnfläche:	55 m²
Planungszeit:	3 Monate
Bauzeit:	6 Monate
Baukosten:	€ 87 000,–

ZWEI-PERSONEN-HAUS IN MECKENBEUREN

Harmonisierung in Etappen

Im Anfang war eine Holzblockhütte in einer Feriensiedlung in landschaftlich schöner Lage. Nach dem Wunsch der Bauherren sollte der rustikale Charakter dieses Wochenendhäuschens im bayerischen Stil beibehalten, die nur 30 Quadratmeter große Wohnfläche aber kräftig ergänzt werden.

Im ersten Schritt fügte so der Stuttgarter Architekt Wolfgang Kergaßner – in Zusammenarbeit mit dem Büro Kauffmann und Theilig – an das heute Küche und Essplatz beherbergende Blockhaus einen leichten polygonalen Anbau an, der als Schlafhaus mit zwei Zimmern und Bad dient und über einen gläsernen wintergartenähnlichen Zwischenraum mit dem Bestand verbunden ist. Diese Glasfuge als Übergang stellt Trennung und gleichzeitig Zusammenhalt zwischen Altem und Neuem dar. Freistehende Wandscheiben bilden den Raumabschluss zur Straße, die Schlafräume öffnen sich dem Garten und der unverbauten Landschaft.

In einem zweiten Bauabschnitt wurde dem Gebäude durch eine raffinierte Außengestaltung eine ordnende, orthogonale Struktur überlagert. Ein rechtwinkliges Schwimmbad mit umfassender Zederholzterrasse vollendet und vereinheitlicht die ehemals differenzierte und etwas unruhige Gebäudephysiognomie zu einem harmonischen Gesamtensemble – verstärkt durch die ebenfalls in diesem Zuge erstellte Doppelgarage an der Ostseite.

Vom Außenbereich der Sauna im Untergeschoss des Hauses ist ein Blick durch Panzerglas in den Pool möglich.

Nach der Erweiterung:
das Ensemble altes
Blockhaus – Fuge –
neues Schlafhaus.

Der Flur des Schlafhauses.

Die Außenfassade des
Blockhauses wurde in
Teilen zur Innenfassade.

72|73   ARCHITEKT: WOLFGANG KERGASSNER, STUTTGART

Baudaten

Anzahl der Bewohner:	2
Grundstücksgröße:	1 100 m²
Überbaute Fläche:	ca. 135 m²
Wohnfläche:	100 m²
Nutzfläche, Keller:	75 m²
Planungs- und Bauzeit:	11 Monate
Baujahr:	1998
Baukosten:	€ 200 000,–

1 : 200

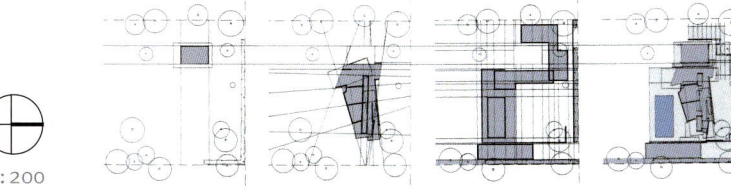

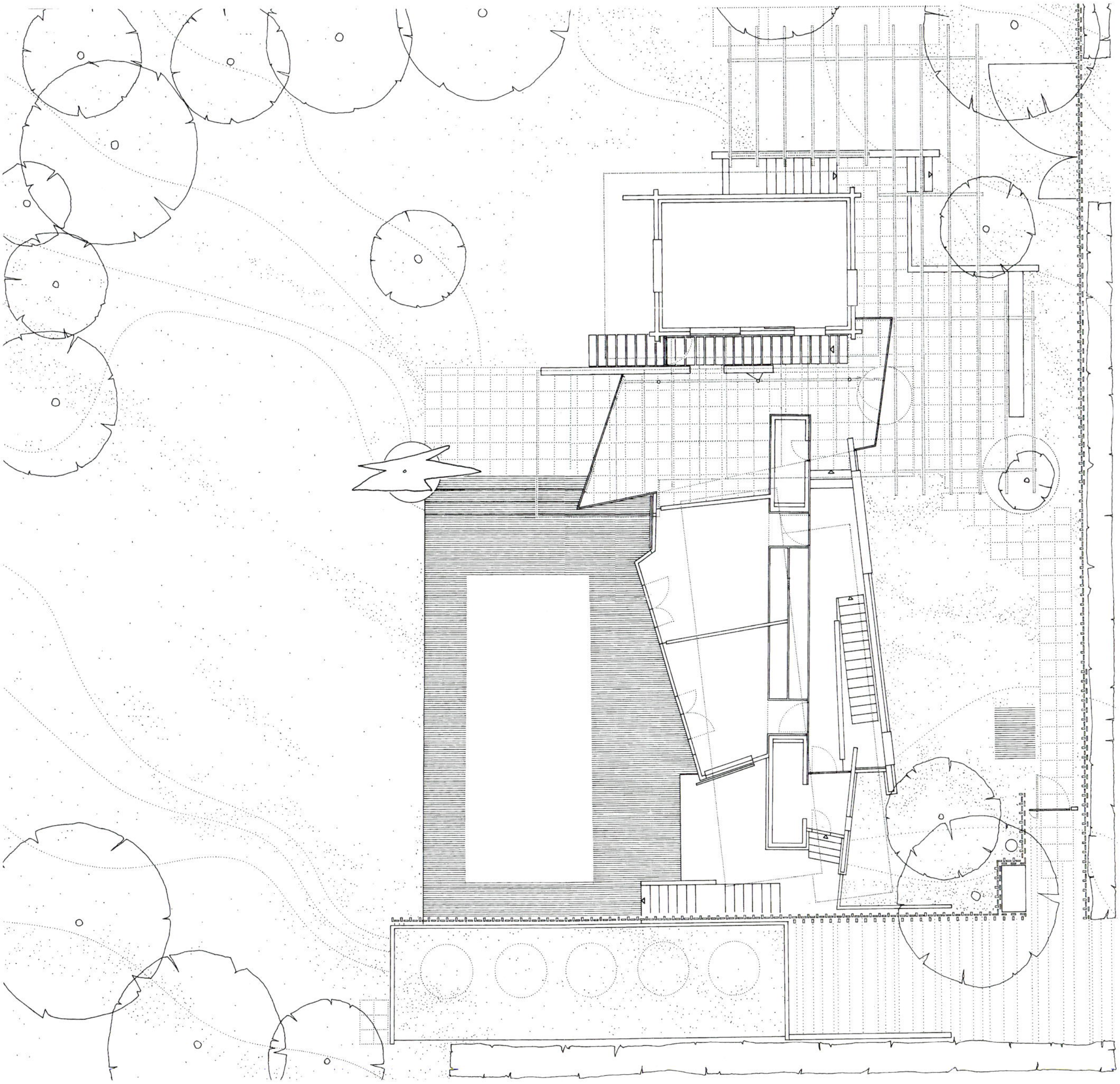

ZWEI-PERSONEN-HAUS BEI AUGSBURG

... mit Zwischenraum hindurch zu schaun

Bereits vor einigen Jahren hatte das Hamburger Architekturbüro Loosen, Rüschoff und Winkler das ehemals als Seminargebäude genutzte reetgedeckte Haus aus den 70er Jahren zu einem Wohnhaus für zwei Familien umgebaut. Zu dem malerisch auf einem großen Seegrundstück vor den Toren Hamburgs gelegenen Haus gehörte eine unscheinbare Dreifachgarage, die jetzt einer neuen Bestimmung als Gäste-, Rückzugs- und Atelierhaus mit der Option eines Altensitzes zugeführt werden sollte.

Diese ehemalige Garage, die zur Hälfte in den Hang gegraben ist, bildet den massiven Sockel für das nun zweigeschossige Haus. Die drei Stellplätze gaben die Proportion für drei mönchszellenähnliche Schlafzimmer mit kleinem Bad vor. Über eine schmale, steile Treppe gelangt man hinauf in den lichtdurchfluteten, dreiseitig verglasten Hauptraum, der den Blick auf den See freigibt.

Zu berücksichtigen hatten die Entwerfer vor allem die unmittelbare Nähe des Nebengebäudes zum Haupthaus. Um unerwünschte Blickbezie-

hungen zwischen den beiden Häusern zu vermeiden, wurde die visuelle Abschirmung des Hanggeschosses mithilfe einer hohen Bambushecke erreicht. Im Erdgeschoss wirkt dagegen eine ausgetüftelte, vertikal verlaufende Holzlamellenkonstruktion unter anderem durch ihre gedrehte Ausrichtung und ihren rautenförmigen Zuschnitt höchst effektiv gegen gegenseitige Einblicke. Die kostbare Aussicht aus dem Atelierraum auf den See bleibt davon unberührt.

Die Aufstockung wurde komplett aus Holzfertigteilen konstruiert und erreicht Niedrigenergiehaus-Standard. Als konstruktive Besonderheit ist die Dachdecke als eine Dickholzdecke ausgebildet, die auf einer Seite an einem auf ihr liegenden Balken als Überzug aufgehängt wurde. Dieser verteilt wiederum die Last durch die Decke auf die Stahlstützen. Damit konnte eine durchgängige, glatte Deckenuntersicht erreicht werden.

Das Gebäude wird »bergseitig« im Erdgeschoss erschlossen.

Die ehemalige Dreifach-garage dient dem über-kragenden Einraum als Sockel. Für die stimmige Gartengestaltung zeich-net der Hamburger Land-schaftsarchitekt Ando Yoo verantwortlich.

Die Ostseite und der
Nebeneingang an der
Westseite.

Das reetgedeckte ehe-
malige Seminargebäude
und das neue Refugium
stehen eng zusammen.
Die Bambushecke vor
dem Hanggeschoss und
die Holzlamellen vor
der Verglasung im Erd-
geschoss bieten den
nötigen Sichtschutz.

ATELIER- UND GÄSTEHAUS AM GROSSENSEE

Der Innenraum ist einfach und schlicht gehalten und konzentriert sich auf das Wesentliche: den herrlichen Ausblick auf den See.

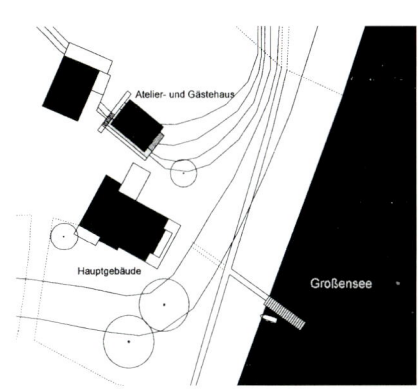

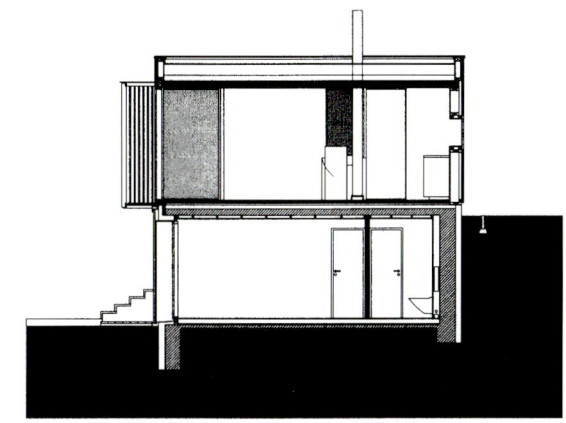

Schnitt

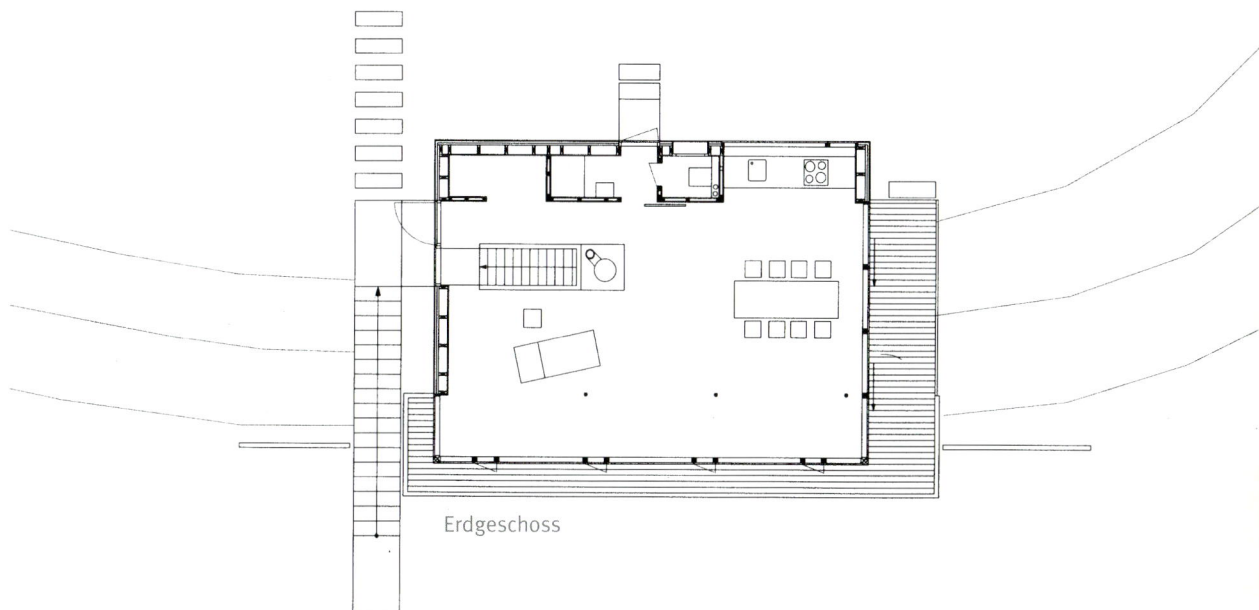

Erdgeschoss

1:200

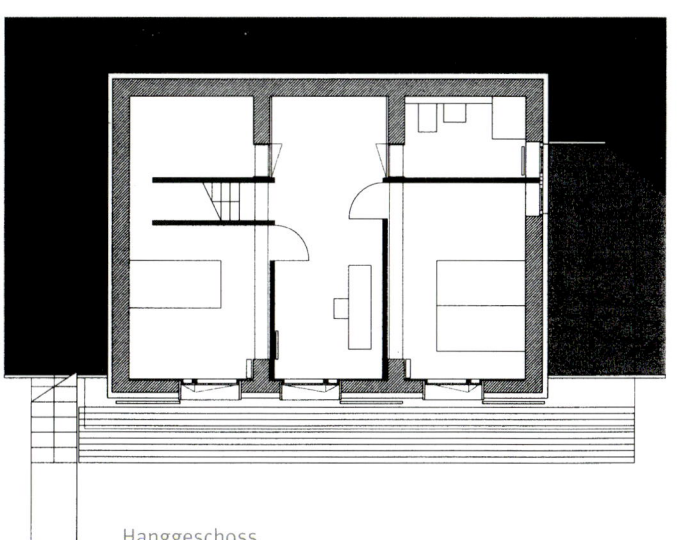

Hanggeschoss

Baudaten

Anzahl der Bewohner:	1–4
Grundstücksgröße:	4 850 m²
Überbaute Fläche:	70 m²
Wohnfläche:	106 m²
Planungs- und Bauzeit:	1999–2001
Baukosten je m²:	€ 1 196,–

ATELIER- UND GÄSTEHAUS AM GROSSENSEE

Bootshaus

Die kleine Ortschaft Fussach, am Ufer des Bodensees gelegen, zeichnet sich durch eine vielfältige Seeufer- und Riedlandschaft mit einem außerordentlichen Vogelartenreichtum aus. Das Naturschutzgebiet ist Anziehungspunkt vieler Gäste und bietet zahlreiche Freizeitaktivitäten. Vor einigen Jahren entstand hier deshalb ein von Kanälen durchzogenes Ferien- und Bootshausgebiet – die Schanz, in der Region auch »Klein Venedig« genannt.

Für die Planung eines kombinierten Boots- und Ferienhauses an einem der Kanäle konnten die Bauherren die Architekten Bernhard und Stefan Marte gewinnen.

Durch örtliches Baurecht waren Zweigeschossigkeit, Gebäudehöhe, Satteldach und Abstand zum Nachbarn festgeschrieben. Die Architekten entwickelten innerhalb dieser vorgegebenen Parameter einen einfachen, bündigen Baukörper in Leichtbauweise, dessen Außenhülle aus Aluminium besteht. Die in unterschiedlichen Formaten und verschiedenen Texturen angebrachten Metalltafeln geben diesem Feriendomizil eine höchst individuelle Prägung und unterstreichen seinen temporären Charakter.

Im Erdgeschoss befinden sich Einstellplätze für drei Boote, die man über einen Schwimmsteg erreicht. Die Boote werden im Winter unter die Decke gehängt, ein automatisches Rolltor verschließt die Bootsgarage zum Kanal. Zusätzlich ist in diesem Geschoss ein WC und die Haustechnik untergebracht.

Über eine offene Treppe gelangt man in das Obergeschoss, der eigentlichen Wohnebene. Hier befindet sich das Wohn- und Esszimmer mit einer Kochinsel und einem offenen Kamin. Der Wohnraum verfügt über zwei große Schiebeelemente mit verschiebbaren Insektenschutzelementen.

Durch eine Schrankwand mit multifunktionaler Einrichtung führt der Weg zum Schlafzimmer, zwei kleinen Schlafkojen und einem Bad. Die Schlafräume werden über einen Lichtschlitz belichtet und in der Wand integrierte Klappen belüftet.

Das Dachgeschoss – erreichbar über eine hydraulisch aufklappbare Treppe – dient mit Whirlpool als kleiner Wellnessbereich. Der Dachraum lässt sich durch zwei ebenfalls hydraulisch bewegte Klappen großzügig öffnen.

Gegründet ist das Haus auf 25 Holzpfählen, auf denen Stahlbetonwände ruhen. Das Gebäude selbst wurde aus Multibox-Holzelementen vorgefertigt und vor Ort aufgerichtet und verkleidet. Die Innenräume wurden in einer Kombination aus sichtbarem Konstruktionsholz (Wände und Decken) und Bootsbauplatten (Böden und Möbel) ausgeführt.

Um ein homogenes,
ruhiges Erscheinungsbild
des Hauses zu erzielen,
wurde ein nahtloser
Übergang von Wand und
Dach angestrebt.

Um das Bootshaus
herum soll über die Jahre
wieder ein Schilfgürtel
wachsen.

Im Dachgeschoss.

Die Treppe zum Dachgeschoss wird hydraulisch nahtlos in der Decke versenkt.

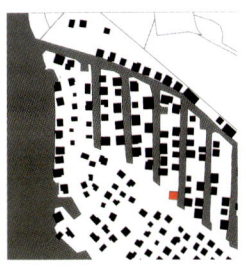

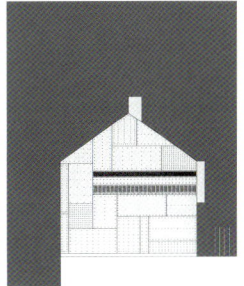
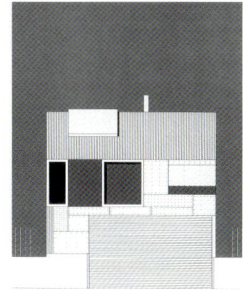

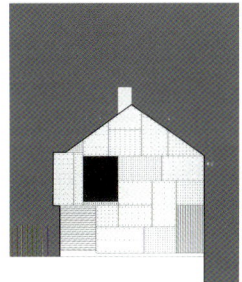
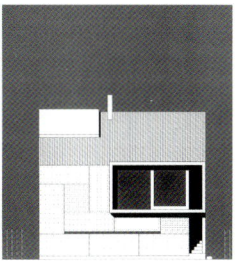

Ansichten

Obergeschoss

Baudaten

Anzahl der Bewohner:	2–4
Grundstücksgröße:	240 m²
Überbaute Fläche:	85 m²
Wohnfläche:	75 m²
Umbauter Raum:	860 m³
Planungsbeginn:	1999
Fertigstellung:	2000
Baukosten:	keine Angaben

1:200

Sockelgeschoss

Lebensmuseum

Der schmale Zugang zwischen Garage und Haus.

Viel zu wenige Menschen haben die Chance, ihr Schicksal für die Zeit des Älterwerdens so in die eigenen Hände zu nehmen wie diese Bauherrin in Karlsruhe. Das von ihr allein bewohnte und immer weniger genutzte Haus erschien ihr nicht mehr angemessen, die vertraute gewohnte Umgebung wünschte sie dennoch beizubehalten. Die einfache, heute vollständig selbstverständlich und überzeugend erscheinende Lösung führte zum Bau eines neuen Ein-Personen-Hauses in dem großen Garten des Stammhauses. Der reduzierte Platzbedarf und geringe Unterhaltungsaufwand versetzte die Bauherrrin dieses Neubaus in die Lage, auf kleiner Fläche selbständig in vertrauter Umgebung zu wohnen.

Die Organisation des Gebäudes berücksichtigt dabei präzise die Anforderungen eines kleinen Haushalts. Der geschickt zwischen Wohn- und Schlafbereich platzierte multifunktional nutzbare Raum kann als Rückzugsort, aber auch als Gästezimmer Verwendung finden. Das angrenzende Bad steht durch zwei Eingänge sowohl Besuchern als auch der Hausherrin zur Verfügung. Trotz dieses minimalen Raumprogramms führt der innere Rundgang damit zu einer flexiblen, individuellen Nutzbarkeit.

Über die längslaufende Außenwand von 17 Metern wurde ein Einbauschrank als alle Räume verbindende und Orientierung gebende Klammer eingestellt, in der ganz praktisch alle liebgewordenen und identitätstiftenden Dinge in einer Art privatem »Lebensmuseum« aufbewahrt werden. Die Rationalität des Grundrisses spiegelt das lange, von innen überall sichtbare Gefälle des Pultdachs wider. Die fallende Raumhöhe von dem großzügigen, durch die Südsonne belichteten »öffentlichen« Wohnbereich bis zum nördlich gelegenen »privaten« Schlafbereich markiert die

unterschiedliche Raumnutzung und unterstreicht die Intimität des Schlafbereichs.

Architektonische Raffinesse beweist die abgeschrägte Schlafzimmerwand an der Ostseite, die einen Schlitz in der Badwand erlaubt, der morgendliches Streiflicht direkt auf die Badewanne fallen lässt.

Ungewöhnlich: das Pult-
dach in Längsrichtung
des Hauses.

Das über die Hauslänge reichende Schrankelement bildete das gestalterische Leitmotiv für die Architekten.

Die Zwischenwände wurden nicht bis zur Decke geführt – der Deckenanschluss in Glas unterstützt den Einraumgedanken.

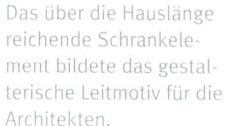

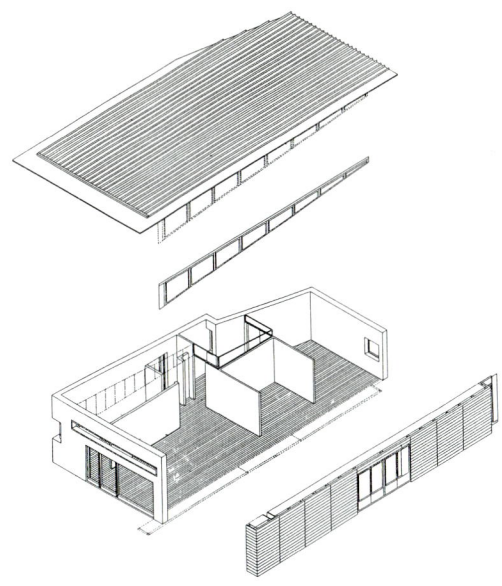

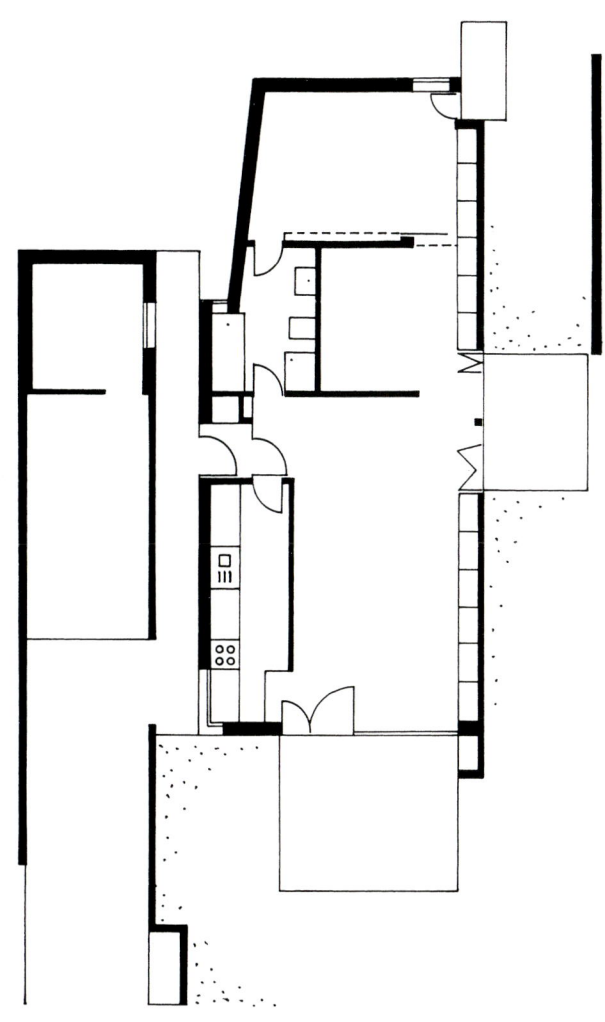

Baudaten

Anzahl der Bewohner:	1
Grundstücksgröße:	399 m²
Überbaute Fläche:	115 m²
Wohnfläche:	86 m²
Zusätzliche Nutzfläche:	9 m²
Fertigstellung:	1995
Baukosten je m²:	€ 1 840,–

1:200

EIN-PERSONEN-HAUS IN KARLSRUHE

Mitten im Leben

Die alleinerziehende und berufstätige Bauherrin traute sich – anstelle der für ihre Situation typischen Dreizimmerwohnung in einem Mehrfamilienhaus – den Traum vom freistehenden Eigenheim zu wagen. Das ausgewählte Baugrundstück von etwa 500 Quadratmetern liegt mitten im österreichischen Skiort Fulpmes im Stubaital, umgeben von den sonnenbeschienen Tiroler Bergketten. Das knappe Budget als Ausgangspunkt für den Hausbau führte zur Vereinfachung von Form, Material, Konstruktion, Dimension, Detaillierung und Unterhalt als oberstem Prinzip, nicht aber der Architektur.

Für den 79 Quadratmeter kleinen eingeschossigen Baukörper wählte der Architekt denkbar einfache geometrische Grundformen und die simple Konstruktionsmethode insbesondere einen günstigen Rahmenbau aus Fichtenholz, verkleidet mit OSB-Platten innen und Ageban-Platten außen. Auf komplizierte Detaillösungen, die aufwändiger Planung und Ausführung bedurft hätten, wurde verzichtet.

Als Kellerersatzraum dient eine Abstellraumbox von ca. 14 Quadratmetern, die neben dem nicht beheizbaren Windfang, dem Dach und Teilen der Einrichtung in Eigenleistung erbracht wurde. Das Pultdach, ebenfalls aus OSB-Platten hergestellt und mit verzinktem und beschichtetem Trapezblech eingedeckt, könte im Falle einer Aufstockung auf einfachem Wege entfernt und erneut wieder aufgesetzt werden.

Das Haus mit seinen großen Fensteröffnungen nach Süden und Westen präsentiert sich nach außen leicht und unprätentiös. Das umlaufende Holzdeck bildet zusammen mit den Stützen des Pultdachs einen über die gesamte Hauslänge verlaufenden geschützten Freisitz. Der Innenraum wird nur durch eingestellte Möbel unterteilt, wobei die Einheitlichkeit des Materials Holz für Boden, Decke und Wände trotz der Kleinheit des Hauses eine gewisse Großzügigkeit schafft.

Das leicht geneigte Pult-
dach wird durch fünf
Holzstützen auf Abstand
zu den zwei »Haus-
kisten« gehalten. Es ist
für eine mögliche Auf-
stockung des Hauses
demontier- und wieder
verwendbar.

Die Innenverkleidung wurde in Birkensperr-holztafeln ausgeführt. Sämtliche Glaselemente sind feststehend, da in Verbindung mit einer Solaranlage das Niedrigenergiehaus kontrolliert gelüftet wird.

Baudaten

Anzahl der Bewohner:	2
Grundstücksgröße:	500 m²
Wohnfläche:	79 m²
Kellerersatzraum:	14 m²
Planungszeit:	4 Monate
Bauzeit:	8 Monate
Baujahr:	1999–2000
Baukosten inkl.	
Erschließung / Honoraren:	€ 95.000,–

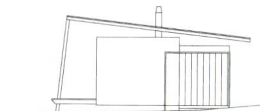

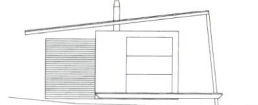

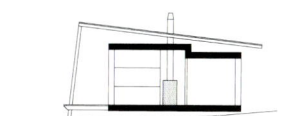

1 : 200

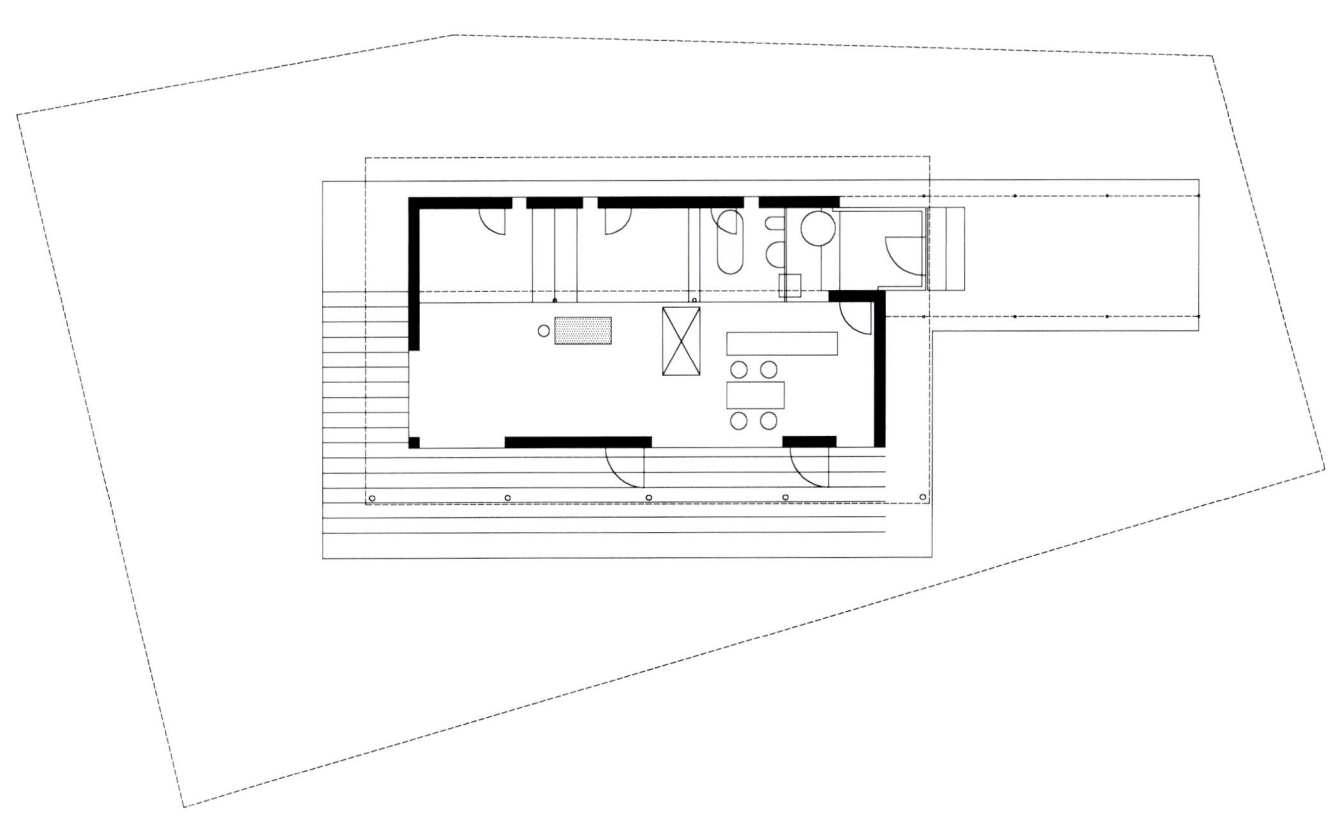

ZWEI-PERSONEN-HAUS IN FULPMES

4 x 6 = 28,5

Inmitten ländlicher, schleswig-holsteinischer Idylle befindet sich in einem kleinen Ort namens Schinkel ein Areal, das von einer Gruppe von Freunden genutzt wird, die zwischen vierzig und fünfzig Jahre alt sich unter dem sinnigen Namen »Altenveilchen« zum Ziel gesetzt haben, unabhängig und in gegenseitiger Unterstützung das Älterwerden gemeinsam zu meistern. Zu diesem Zweck wurde auf dem bereits mit zwei Häusern aus unterschiedlichen Zeiten bebauten Grundstück ein weiteres als autonome Wohneinheit ergänzt – ein Mini-Kompletthaus mit einer Grundfläche von gerade mal 4 mal 6 Metern.

Ein Versuch bei der Gestaltung des Ein-Personen-Hauses, Assoziationen an die traditionelle dörfliche Umgebung mit bis zu 200 Jahre alten Bauernhöfen zu wecken oder architektonisch gar an das nachbarschaftliche Fachwerkhaus anzuknüpfen, wurde nicht unternommen. Ohne historische Nachahmung präsentiert sich die Fassade als öffentliches Element des pultbedachten Hauses in einem farbig gestrichenen Duripanel (zementgebundene Holzfaserplatten), gegliedert durch horizontale Fugen, kontrastierend und modern. Proportion und Kubatur dieses kleinen Objekts verstärken die eigenständige Wirkung. Lediglich die auf Schienen laufenden Holzläden vor den Fenstern in leuchtendem Rot sind Anspielungen auf Elemente landwirtschaftlicher Nutzarchitektur.

Das Heitere der Außenhaut findet seine Fortsetzung in der unprätentiösen und funktionalen Innengestaltung. Alle Bereiche einschließlich der Schlafebene auf der Galerie sind von jedem Punkt des Hauses erlebbar.

Die konstruktiven Möglichkeiten einer hinterlüfteten Vorhangfassade in Kombination mit der rationellen Holztafelbauweise erlaubten eine kurze Bauzeit von nur drei Monaten. Die sorgfältige Auswahl der Baustoffe erfolgte undogmatisch, ökologische Belange jedoch weitgehend berücksichtigend.

Das bildhaft assoziative
kleine Haus steht in
enger räumlicher aber
nicht architektonischer
Verbindung zu seinem
Nachbarn, einem Fach-
werkhaus jüngeren
Datums.

Einraum mit der einge-
hängten Schlafgalerie.

Multifunktional: Treppe =
Regal = Kochelement.
Hinter den Glastüren
verbergen sich links das
WC, rechts die Dusche.

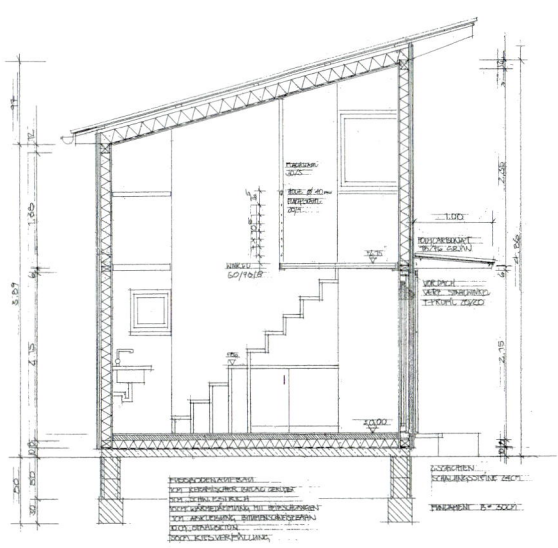

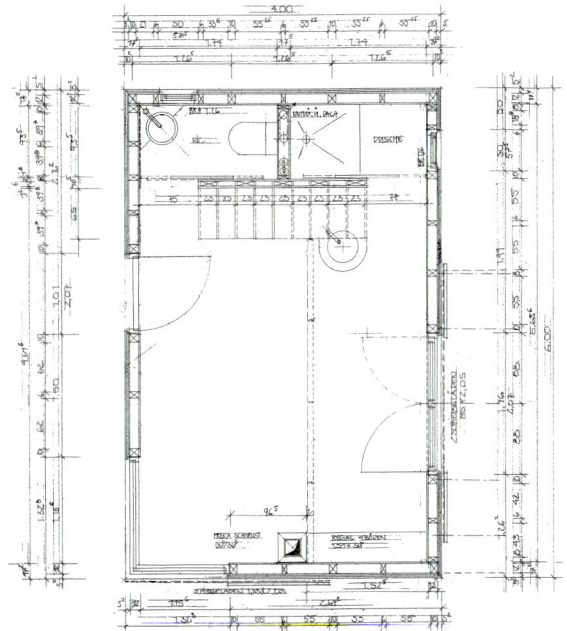

Baudaten

Anzahl der Bewohner:	1
Grundstücksgröße:	500 m²
Überbaute Fläche:	24 m²
Wohnfläche:	16 m²
zuzügl. Galerie:	9 m²
zuzügl. Nutzfläche:	3,5 m²
Bauzeit:	3 Monate
Baujahr:	1998
Baukosten/m²:	€ 2 150,–

1:100

EIN-PERSONEN-HAUS IN SCHINKEL

Schnörkellos in Himbeerrot

Als leuchtend roter Solitär, der sich komplett von der umgebenden heterogenen Bebauung losgelöst hat, stellt sich dieses Wohnhaus eines Tübinger Fotografen dar. Das noch freie Grundstück neben einem eingeschossigen Garagengebäude bot für eine neue Bebauung nicht viel Raum. Architektonisch gelöst wurde die beengte Situation durch eine turmartige Form des Baukörpers, der entlang der Grundstücksgrenze verläuft und sich gegenüber einem ebenfalls auf dem Grundstück befindlichen alten Haus abgeschlossen zeigt. Unterbrochen wird die Massivität des monolithischen Kastens durch grafisch gesetzte Fenster, im Souterrain tiefliegende, quadratische Öffnungen und direkt darüber über die zwei Wohngeschosse reichende, schwarz gerahmte Glasflächen.

Im Vergleich zur äußeren Gestalt ist das Innenleben des 94 Quadratmeter großen Hauses überraschend offen und transparent. Gegenüber der selbstbewussten Farbwahl der Außenhaut überwiegen im Innenbereich dezente Grauwerte, respektive die Farbe Schwarz als Kontrastmotiv, beispielsweise beim Estrichbodenbelag im Erdgeschoss oder bei verschiedenen Wandbekleidungen. Alle Funktionen des Hauses – Wohnen,

Kochen, Essen im Parterre und Schlafen auf der Galerie (nur durch eine Glasscheibe separiert) – sind immerwährend präsent und von jedem Ort erlebbar. Das Bad wird durch eine aufklappbare Glaspyramide im flach geneigten Pultdach belichtet und belüftet. Als historisches Schmankerl wurde das WC in einem hölzernen schwarzen Kasten – mit stählernen Bändern gehalten – außen an der Fassade aufgehängt.

Bei der Materialwahl des hoch wärmeisolierten, in Stahlbeton-Bauweise konstruierten Gebäudes legten Architekten und Bauherren beim Innenausbau vor allem bei der Galerie und dem Bad Wert auf leichte Stahl-Holz-Konstruktionen mit möbelartiger Wirkung.

Die extravagante Farbwahl und die formale Strenge des Gebäudes lösten eine öffentliche Diskussion in der Nachbarschaft aus und entzweit die Anwohner noch heute.

Die Luftaufnahme verdeutlicht die Enge der Bebauungssituation.

Das von der kreativen
Nachbarschaft als »Tal-
station« bezeichnete
Haus provoziert nicht nur
durch die Farbgebung
sondern auch durch die
entwaffnende Offenheit.

Gegenüber: Die zweite
Ebene ist in den hohen
Innenraum als leichte
Stahlkonstruktion ein-
gebracht. Die gezeigte
Schlafgalerie ist nur
durch eine rahmenlose
Verglasung vom Wohn-
bereich getrennt.

Der an das Betondach
angehängte Balkon auf
der Südseite und das wie
im Mittelalter außen am
Haus aufgehängte WC.

EIN-PERSONEN-HAUS IN TÜBINGEN

Oben links und rechts:
Der Innenausbau zeigt
das Entwurfsmotiv eines
massiven Hausturms, in
das alle gliedernden
Elemente und Räume
lediglich eingestellt werden. Links auf Treppen-
podesthöhe der Zugang
zum WC, rechts die Bad-
box.

Der Küchenbereich im
Erdgeschoss.

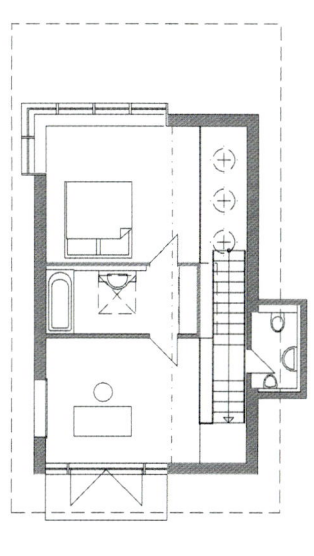

Obergeschoss

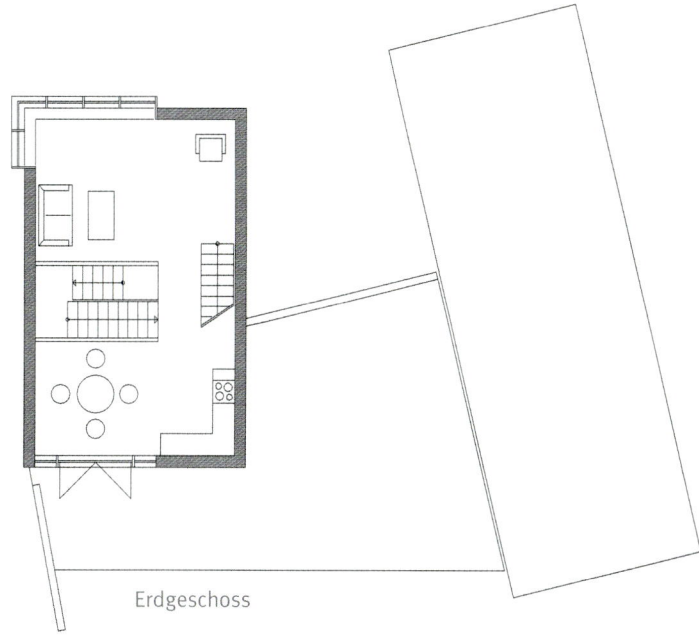

Erdgeschoss

1: 200

Baudaten

Anzahl der Bewohner:	1
Grundstücksgröße:	433 m²
Überbaute Fläche:	57 m²
Wohnfläche:	94 m²
Zusätzliche Nutzfläche:	51 m²
Planungs- und Bauzeit:	1995/97
Baukosten je m²:	€ 2 000,–

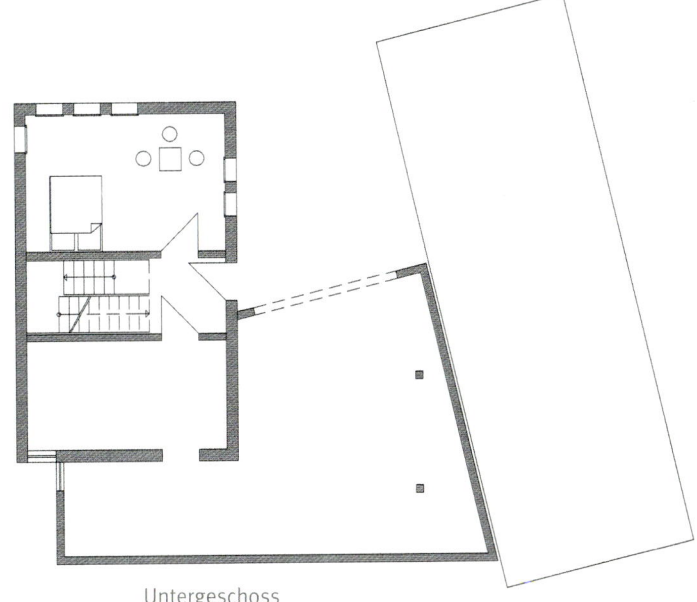

Untergeschoss

EIN-PERSONEN-HAUS IN TÜBINGEN

Die wunderbare Leichtigkeit des Wohnens

Die wohltuende Einfachheit des Hauses unter Verzicht auf alle baulichen Statussymbole der Architektin und Bauherrin Bianca M. Schütz für sich und ihre Tochter ist fraglos ein Tribut an den einzuhaltenden Kostenrahmen gewesen, aber damit keineswegs Ergebnis einer dürren, phantasielosen Kistenarchitektur. Das unkomplizierte, würfelige Haus, flankiert von einem leicht zurückspringenden Anbau im Osten und einer Stahl-Glas-Pergola im Westen, weist alle notwendigen Funktionen eines zum Wohnen geeigneten Hauses auf – mehr braucht es schlicht nicht.

Um die vorhandene Fläche multifunktional und flexibel zu nutzen, wurde das Erdgeschoss ohne trennende Wände als 50 Quadratmeter großer Allraum ausgeführt. Lediglich die Möblierung untergliedert den Raum in Wohn-, Arbeits-, Koch- und Essbereich. Die komplette Verglasung der Südfassade schafft einen gleitenden Übergang von innen nach außen und erweitert damit den Innenraum optisch. Das umlaufende Holzdeck als Terrasse lässt das Haus leicht über dem Boden schweben. Im Obergeschoss sind die Individualräume samt Bad für die beiden Bewohnerinnen untergebracht. Über die gesamte Länge der verglasten Südseite verläuft ein Balkon, der wiederum den unmittelbaren Außenbezug herstellt.

Die auf das Wesentliche konzentrierte Entwurfslinie setzt sich auch in der durchdachten und konsequenten Innenraumgestaltung durch. Der Mix aus wenigen verschiedenen Materialien – Stahl, Beton, Glas und geputzte Wände – ließ eine elegante Farbkombination in Grau und Weiß entstehen, die mit den kräftigen Holznaturtönen der Treppenstufen und den Öffnungsflügeln der Fenster kontrastiert.

Der Verzicht, das Haus zu unterkellern und

statt dessen einen verdichteten Funktionsraum mit Eingang, Gäste-WC und Hauswirtschaft im eingeschossigen Anbau zu installieren, stellt in ländlicher Umgebung fast einen Tabubruch dar. Hierin wird aber der Ansatz der Architektin deutlich, dass durch bewusstes Weglassen auch kleine Häuser zu einer wirtschaftlich tragfähigen Alternative zu Miet- und Eigentumswohnungen werden können. Alleinerziehende, Singles und ältere Menschen, deren Wohnvorstellungen im Mehrgeschosswohnungsbau nicht ihre Grenze haben, finden in diesem Prototyp eine erschwingliche Lösung, die geänderten Lebensentwürfen Rechnung trägt. Dieses Haus ist nicht mit einem Verlust an Qualität verbunden, sondern im Gegenteil – dem Gewinn an wunderbarer Leichtigkeit ohne unnötigen Ballast.

Schnörkellos ohne Erker und Gauben präsentiert sich der Würfel. Die großflächige Stahl-Glas-Fassade mit Holz-Öffnungsflügeln brachte ihm bei der Nachbarschaft den Namen »Aquarium« ein.

Wohn- und Arbeits-
bereich im Erdgeschoss.
Die Sichtbeton-Decken-
untersicht, der lackierte
Estrich und die weißen
Putzflächen sind kosten-
günstig, strapazierfähig
und ergeben einen mit
dem Hauskonzept stim-
migen Charakter.

Die halb gewendelte
Treppe zum Oberge-
schoss ist aus lackiertem
Stahl, kombiniert mit
Trittstufen aus Buche.

Der Kaminofen ist in die
Glassfassade integriert.

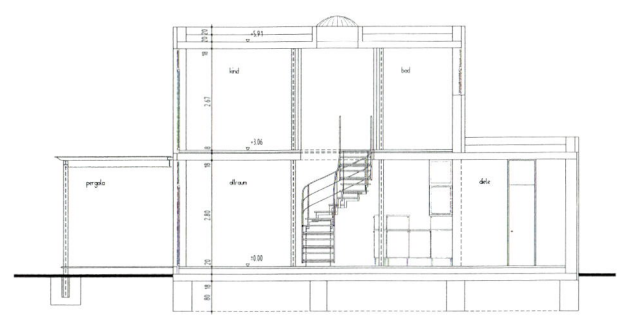

Schnitt

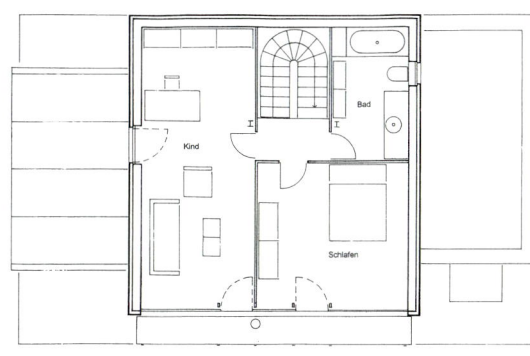

Obergeschoss

1:200

Baudaten

Anzahl der Bewohner:	2
Grundstücksgröße:	350 m²
Wohnfläche:	108,5 m²
Umbauter Raum:	497 m³
Planungsbeginn:	April 1994
Baubeginn:	Juli 1999
Fertigstellung:	Dezember 1999
Baukosten je m²:	€ 950,–

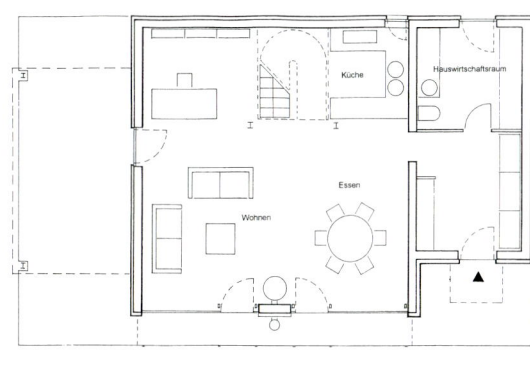

Erdgeschoss

ZWEI-PERSONEN-HAUS IN BAD NEUENAHR-AHRWEILER

Die Welt ist schief

Das eingeschossige Wohnhaus mit der bizarren Formgebung liegt inmitten der weiten Marschlandschaft an der Westküste Schleswig-Holsteins, die durch die karge Natur, die Topografie und die spürbare Präsenz der natürlichen Kräfte Meer, Sturm, Regen und Sonne geprägt ist. Die windschiefe Gebäudeform, die wie durch schwere Stürme gepeitscht wirkt, weckt Assoziationen an die Umgebung – Bäume, Deiche, Sperrwerke und Wellenbrecher.

Das langgestreckte kleine Haus, parallel zur Straße in West-Ost-Richtung ausgerichtet, teilt sich in zwei Baukörper. Die drei gegeneinander versetzten Wandscheiben des nördlichen Körpers beschreiben einen gefassten Raum, indem sie sich nach Nord-Westen schützend gegen die Hauptwind- und Wetterrichtung stellen. Die Position und Ausformung dieses Gebäudeteils dient der leichteren Haushälfte und der windgeschützten Terrasse nach Süden als Rückgrat.

Diese Unterschiedlichkeit der beiden Gebäudeteile spiegelt sich auch im Grundrisskonzept und der Materialwahl wider. Die versorgenden Räume Bad, Abstell- und Heizungsraum sind im nördlichen Trakt untergebracht, der als Massivkonstruktion aus Beton und Mauerwerk mit vorgesetzten Aluminiumblechen ausgeführt ist. Ein expressiv geformtes Vordach markiert hier den Eingang.

Der südliche Teil mit Wohn- und Schlafräumen wurde in Holzrahmenbauweise errichtet und öffnet sich durch die geneigte Glasfassade komplett zur Sonne. Der Wohnbereich ist als offener Raum mit Küche konzipiert, der ein Wohnen über die gesamte Haustiefe erlaubt.

Die zwei Seiten
eines Hauses.

Blick in den Eingangs-
bereich und durch das
Haus. Die Trennung der
unterschiedlichen Haus-
seiten manifestiert sich
in den verwandten Mate-
rialien: Betondecke,
Estrichboden auf der
schweren, Trapezblech-
dach, Holzparkett, Glas
auf der leichten Seite.

Baudaten

Anzahl der Bewohner:	2
Grundstücksgröße:	2 000 m²
Überbaute Fläche:	150 m²
Wohnfläche:	115 m²
Nutzfläche:	18 m²
Ausführung:	September 1994
	– November 1995
Baukosten je m²:	€ 1 750,–
Baukosten gesamt:	€ 230 000,–

1 : 200

ZWEI-PERSONEN-HAUS AN DER NORDSEE

Auf Tradition gegründet

Auf dem Sandsteinsockel eines ehemaligen Altenteilhauses (Ellerhaus) errichteten die Architekten Susanne Wartzeck und Jörg Sturm ein modernes Wohnhaus, für dessen Erscheinungsbild wiederum die traditionelle landwirtschaftliche Architektur der Rhön Pate stand. Da es sich bei dem Neubau um die Komplettierung eines heute noch bewirtschafteten Aussiedlergehöfts handelt, wurde bei der Planung und Ausführung auf überlieferte Formen und Materialien zurückgegriffen, transponiert in eine zeitgemäße Sprache. Durch die scheunenartige Gestalt mit hohem Drempel und einem 47 Grad steilen Satteldach nimmt das Haus den Dialog mit dem alten Wohnhaus und den Nebengebäuden auf, macht sich gleichzeitig aber durch seinen puren Minimalismus vom Bestand unabhängig.

Das erhalten gebliebene Sandsteinfundament wurde wegen fehlender Standsicherheit durch eine neue Betonplatte verstärkt und schützt nebenbei das darauf in Holzrahmenbauweise errichtete Gebäude vor Spritzwasser.

Anstelle der regional üblichen Holzschindel – oder Wettbrett – wurde eine einfachere Nut-und-Feder-Schalung aus Lärchenholz verwandt. Der knappe Dachüberstand ist mit einer Zahnleiste am Ortgang abgeschlossen. Die Fenster sind mit den in der thüringischen Rhön verbreiteten Schiebeläden versehen, die aufgrund der gleichen vertikalen Verschalung wie die übrige Fassade dem Haus im geschlossenem Zustand eine monochrome Optik verleihen.

Der Innenraum ist durch einen offenen Grundriss gekennzeichnet, der alle Bereiche außer der Gästetoilette und dem Hauswirtschaftsraum zusammenfließen lässt. Das Dachgeschoss wird hauptsächlich durch einen langen gläsernen Dachreiter belichtet. Der hier befindliche Schlafraum hat ein zweiflügeliges Fenster, das durch eine starre Lamelle als Teil der Außenverschalung gegen Blicke von außen abgeschirmt wird. Ein besonderer Gimmick der Inneneinrichtung ist eine über die gesamte Hauslänge verlaufende Kleiderstange in der Dachschräge, augenfälliges Beispiel dieses konsequent minimalisierten Entwurfs.

Das Haus als Teil seiner dörflichen Umgebung.

Gegenüber:
Der Schiebeladen vor dem Südfenster in offenem und geschlossenen Zustand. Fest stehende, vertikale Lamellen vor dem Fenster im Dachgeschoss schützen vor ungewollten Einblicken.

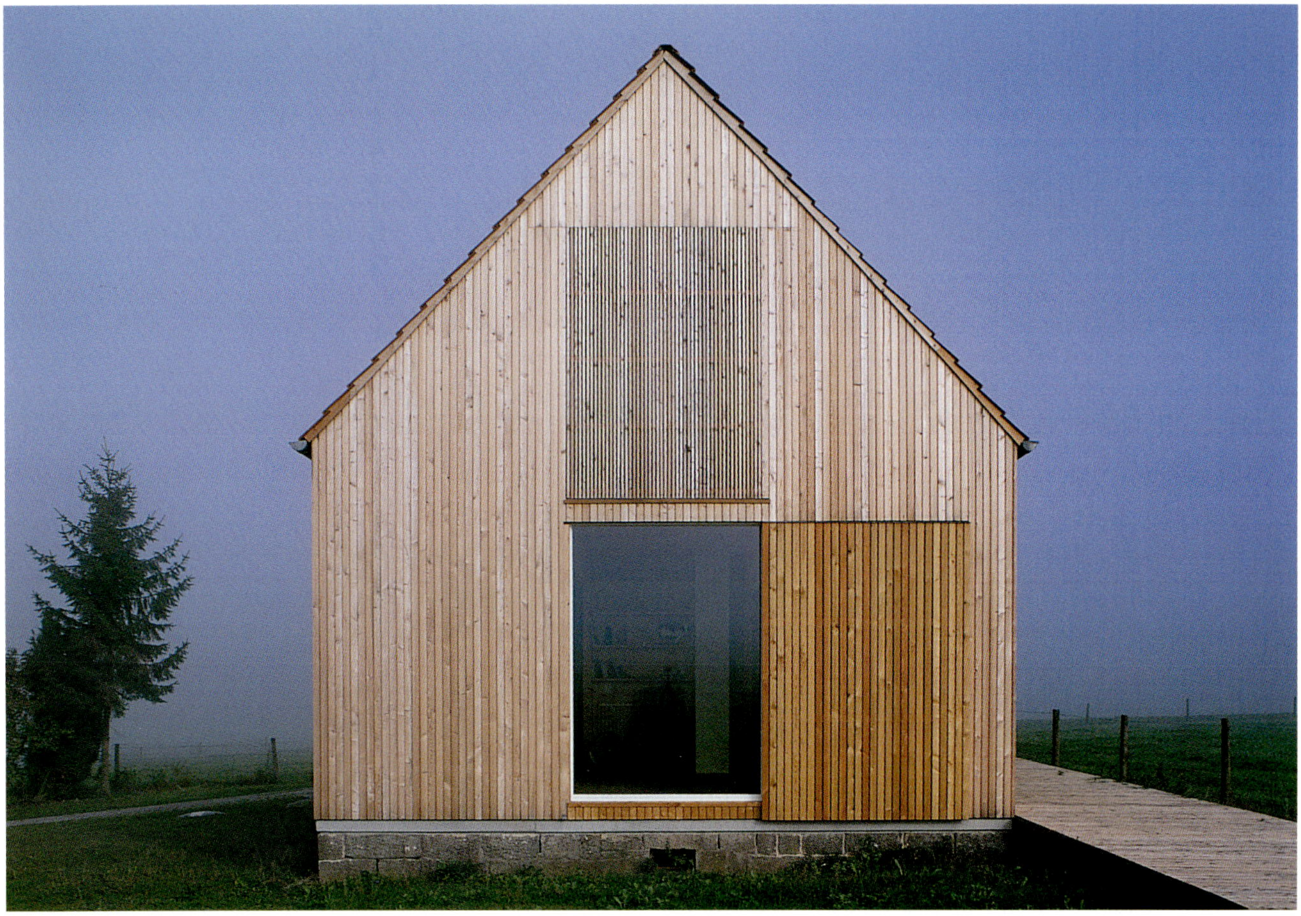

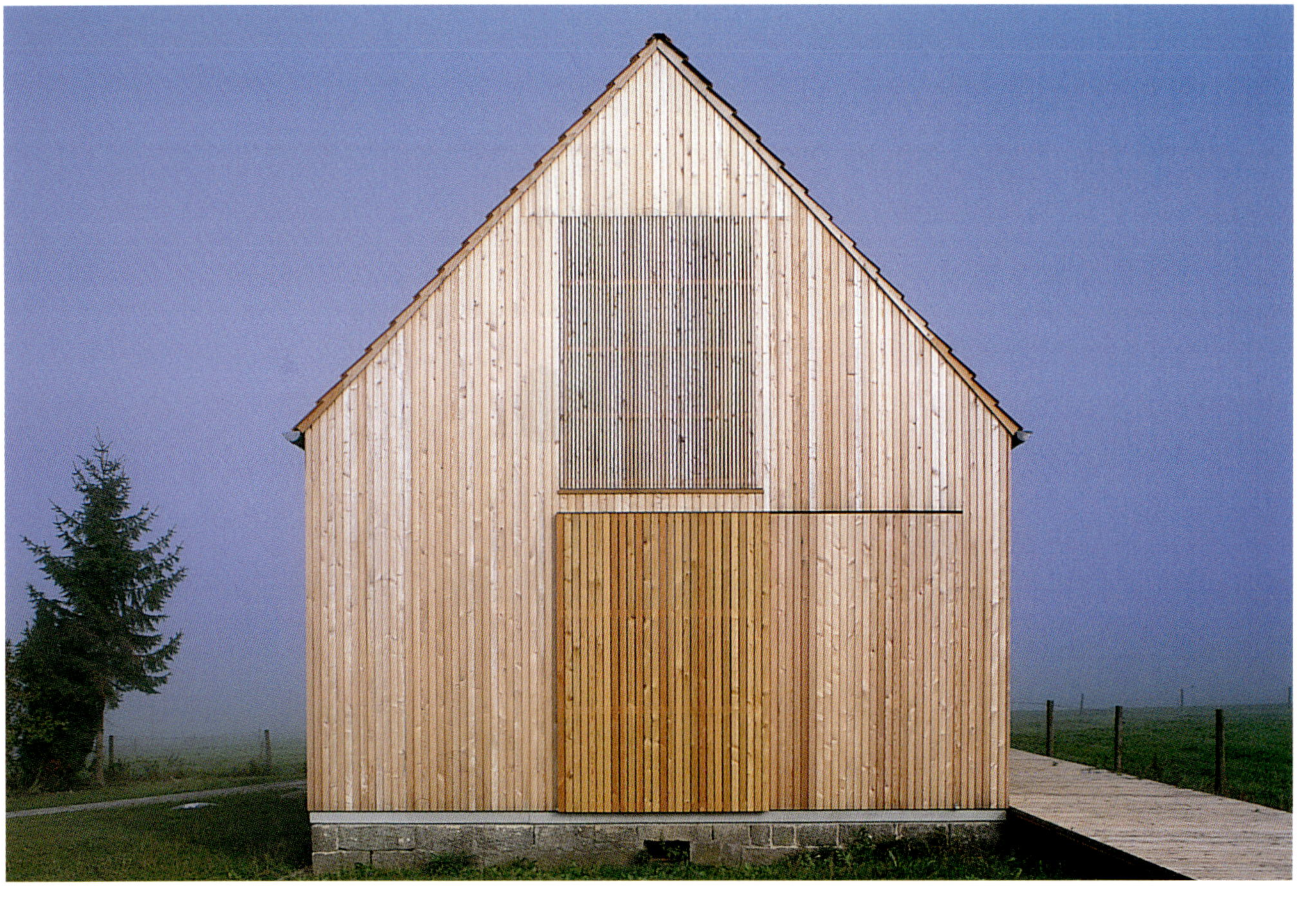

Die weitgehend offenen Innenbereiche des Einraumhauses sind klar, trickreich und sparsam detailliert: die Küche ist zum Teil mobil, Dusche und WC teilen sich eine verschiebbare Glastrennwand, die äußeren Schiebeläden spenden gefiltertes Licht.

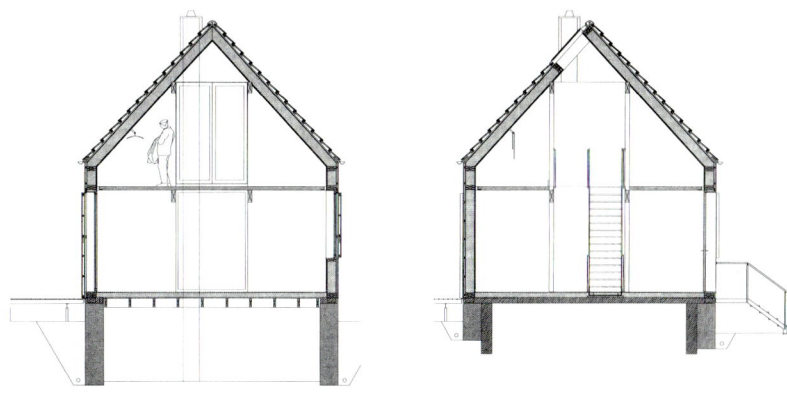

Schnitte

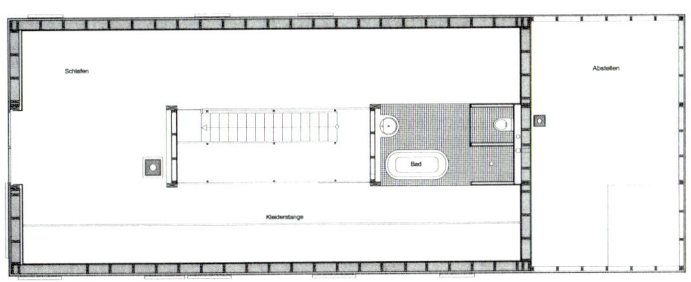

Obergeschoss

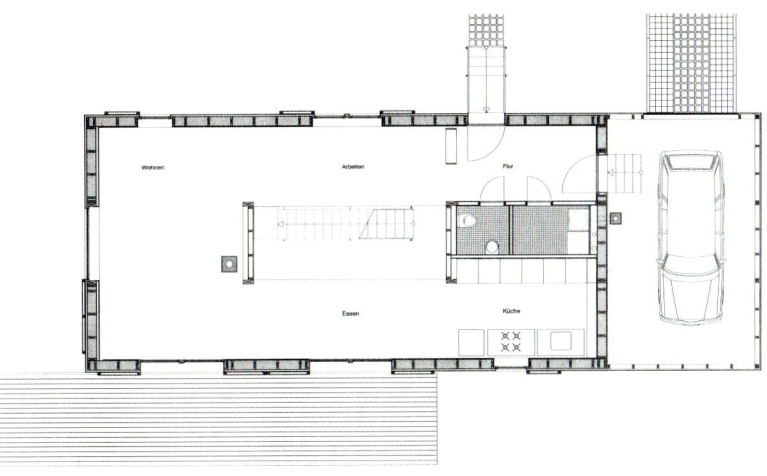

Erdgeschoss

Baudaten

Anzahl der Bewohner: 2
Überbaute Fläche: 125 m²
Wohnfläche: 120 m²
Nutzfläche: 65 m²
Fertigstellung: September 1999
Baukosten gesamt: € 301 665,—

Lebendige Steinhäuser

Ort des Geschehens ist Caviano, ein Bergdorf oberhalb des Lago Maggiore mit prächtiger Aussicht auf die Tessiner Berglandschaft und den See bis nach Locarno. Hier stehen die gedrungenen, vornehmlich bruchsteingemauerten Häuser eng beieinander, sodass das Sonnenlicht kaum in die schmalen Straßen eindringen kann. Die drei unterschiedlich großen, zu einem Feriendomizil mit Gäste- und Musikhaus umgebauten ehemaligen Ställe am Dorfrand unterscheiden sich auf den ersten Blick von ihren Gassennachbarn kaum. Denn den steinernen Charakter der stark renovierungsbedürftigen Nutzbauten behielten die Architekten Markus Wespi und

Jérôme de Meuron bei ihrer Umgestaltung konsequent bei. Entstanden ist eine fast klösterlich anmutende, sinnlich bewegende Behausung, die mit einer auf das Wesentliche reduzierten Wohninfrastruktur – Küche mit Kamin, Bett und Bad und vor allem eine Terrasse mit Ausblick auf die grandiose Umgebung – auskommt. Alt und Neu bilden trotz der deutlich sichtbaren architektonischen Eingriffe eine harmonische Einheit.

Die wohltuende Authentizität und Einfachheit dieser Häuser rührt vor allem von dem unbeirrten Verzicht auf einen vielschichtigen Wandaufbau mit Isolation, Verkleidung oder Putz, sodass die Bruchsteinmauern ihre volle Wirkung im Rauminneren behalten. Durch die teilweise wegen Baufälligkeit abgebrochenen und an anderer Stelle neu gesetzten Wände entstand ein großzügigerer Raumzuschnitt.

Trotz aller Archaik weisen die Häuser alle Annehmlichkeiten modernen Wohn-, Küchen- und Badkomforts und einen für traditionelle Tessiner Häuser untypischen Außenbezug auf. Das umgesetzte Belichtungskonzept nimmt das Düstere aus den ehemals durch spärlichen Lichteinfall gekennzeichneten Ställen und macht aus ihnen helle, wohnliche Räume.

Blick von Caviano auf den Lago Maggiore.

Gegenüber: Behutsam wurden moderne Elemente in die alte Bausubstanz eingefügt.

Überall präsent der faszi-
nierende Materialkanon
aus Bruchstein, Beton,
Rohstahl, Glas und Holz.

Der Koch-, Ess- und
Wohnbereich im größten
der drei Häuser.

Die Herdstelle
im Gästehaus.

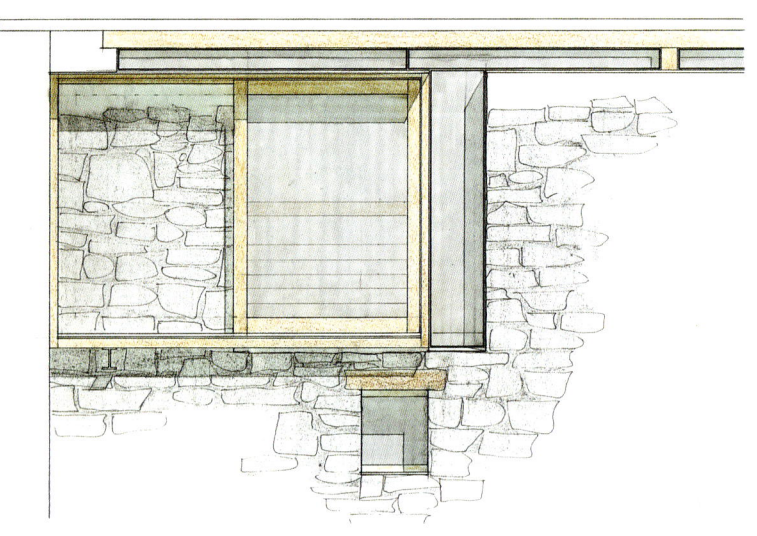

Zeichnung eines
Fensterelements.

Gästehaus
1   Wohnen / Essen / Kochen
2   gedeckter Außensitzplatz
3   Holzlager

Wohnhaus
4   Eingang
5   Kochen
6   Wohnen / Essen
7   Hof

Musikhaus
8   Außenplatz
9   Essen / Kochen
10   Schlafen
11   Bad / WC
12   Musizieren

Baudaten

Anzahl der Bewohner	1–4
Grundstücksgröße:	500 m²
Überbaute Fläche:	80 m²
Wohnfläche:	115 m²
Planungszeit:	5 Monate
Bauzeit:	9 Monate
Fertigstellung:	1999
Baukosten:	sFr 500 000,–

1 : 200

HÄUSERGRUPPE IM TESSIN

Quadrat hoch zwei für Zwei

Die Montage
der vorgefertigten
Dickholzelemente.

Ein Ehepaar aus Aichach beauftragte den Münchner Architekten Prof. Sampo Widmann mit dem Bau eines kleinen Hauses für zwei Personen und überließ das auf dem selben Grundstück liegende, zu groß gewordene Anwesen seinen erwachsenen Kindern. Diese Form des Altenteils ist typisch für ländliche Regionen und wird als »Austraghäusl« bezeichnet. Der turmartige Baukörper mit einer Wohnfläche von 94 Quadratmeter lässt sich auf die simple geometrische Form zweier aufeinander gesetzter Würfel mit einer Kantenlänge von je gut 6 Metern zurückführen, deren oberer über die Diagonale abgeschnitten wurde. Daraus ergaben sich drei gestapelte, quadratische Wohnebenen zuzüglich Keller.

An der Westseite befindet sich der Eingang. Der Besucher fällt förmlich mit der Tür ins Haus – das einfache Grundrissprinzip erschließt sich unmittelbar. Über eine einläufige Treppe gelangt man zu den einzelnen Ebenen, die den Blickkontakt zwischen allen Geschossen herstellt. Die wie ein Möbel eingestellte Küche im Erdgeschoss dient als Raumteiler zwischen Treppen- und Essraum. Abgeschlossener zeigt sich der Schlafbereich auf der Ebene darüber, der durch eine Funktionsspange mit Bad, WC und Schrank von der offenen Treppe getrennt ist. Unter der langen Diagonalen des oberen Würfels liegt der Wohnbereich, der durch den spitz zulaufenden Luftraum in seiner Raumwirkung besticht.

Leichtigkeit und Transparenz erhält das Gebäude durch seine markante Eckbefensterung, die als Festverglasung ausgeführt ist. Dies führt zu der überraschenden Lösung, dass sich die zu öffnenden Flügel nicht wie zu erwarten in den Glasflächen, sondern in den geschlossenen Fassadenteilen befinden.

Die vorgefertigten haushohen Elemente aus Dickholz wurden außenseitig mit blau angestrichenem Furnierschichtholz verkleidet und in einer Eintages-Aktion auf die Baustelle geliefert und montiert. Innenseitig sind die Fassadenelemente mit einer 10 Zentimeter starken Wärmedämmung und Fermacell-Platten vekleidet. Das Haus erfüllt durch die exzellente Wärmedämmung und den großen passiven Solargewinn den Niedrigenergiehausstandard.

Der Senioren-Wohnturm
beruht auf der einfachen
geometrischen Figur zweier
Würfel mit einer Kanten-
länge von 6,4 Meter.

Die Ecken sind festver-
glast, nach Süden grö-
ßer, nach Norden kleiner.
Zum Lüften öffnet man
die Wand – es entseht
ein Fenster.

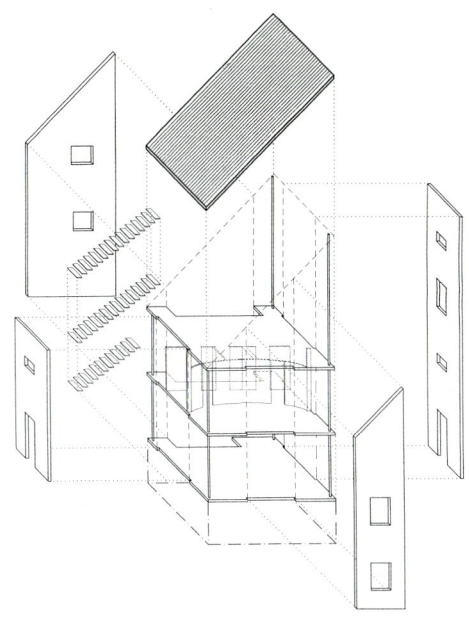

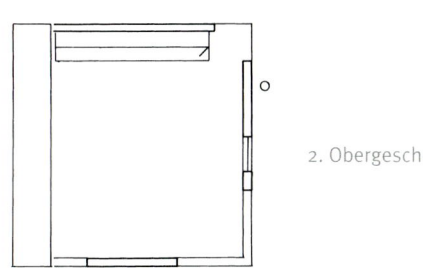

2. Obergeschoss

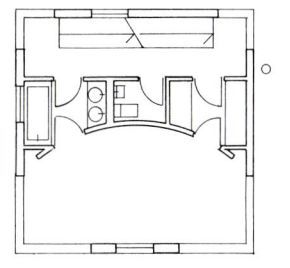

1. Obergeschoss

1: 200

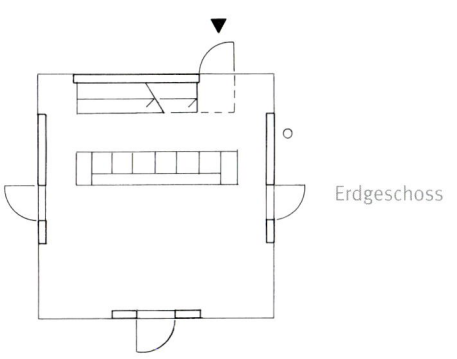

Erdgeschoss

Baudaten

Anzahl der Bewohner:	2
Grundstücksgröße:	300 m²
Überbaute Fläche:	41 m²
Wohnfläche:	94 m²
Nutzfläche:	32 m²
Ausführung:	1996
Baukosten je m²:	€ 1 785,–

ZWEI-PERSONEN-HAUS IN AICHACH

Architektenverzeichnis und Bildnachweis

Badertscher Zeier
Dipl. Architekten
Bremgartnerstraße 16
CH-8003 Zürich
Seite 16–19
mit
A. Edelmann Architekt, CH-Zürich
F: Peter Felix, CH-Zürich

bfa Büro für Architektur
Krauter, Ludwig, Oertel
Dipl.-Ing. Architekten
Gänsheidestraße 55
D-70184 Stuttgart
Seite 20–23
F: Valentin Wormbs, Stuttgart

Roberto Briccola
Architekt dipl. ETH SIA OTIA
Largo L Olgiatt 81a
CH-6512 Giubiasco
Seite 24–27
F: Friedrich Busam / architekturphoto (3),
Archiv Architekt (3)

Bucher + Hüttinger
Architektur + Innenarchitektur
Gleiwitzerstraße 22
D-91074 Herzogenaurach
Seite 28–31
F: Archiv Architekten

Architekturbüro
Michael Dahm
Bernstorffstraße 120
D-22767 Hamburg
mit
Architekturbüro PHS
Brinkstraße 20
D-17489 Greifswald
Seite 32–35
F: Bernhard Müller, Reutlingen

Robert Felber
Architekt
Friedlgasse 21/8
A-1190 Wien
Seite 36–39
F: Archiv Architekt

Reto Frigg und Karen Schrader
Architecture and Design GmbH
Minervastraße 33
CH-8032 Zürich
Seite 40–43
F: Archiv Architekten

Gassner & Zarecky
Uli Gassner,
Peter Zarecky
Dipl.-Ing. Architekten
Maiglöckchenweg 16
D-85521 Riemerling
Seite 44–49
M: U. Mannhardt
F: Christoph Stieger, München; Norbert Zarecky,
München

Geistlweg Architektur
MA Elsa Nichol Spraiter,
Mag. Arch. Edgar Spraiter
Maffeigasse 441A
A-5411 Oberalm
Seite 50–53
F: Archiv Architekten

Glucker Architekten
Marija Glucker und
Prof. Hans-Peter Glucker
Dipl.-Ing. Architekten
Bahnhofstraße 28
D-76137 Karlsruhe
Seite 54–57
F: Gert v. Bassewitz, Hamburg

Christoph Gysin
Dipl.-Ing. Architekt
Bachofenstraße 18
CH-4053 Basel
Seite 58–61
F: Thomas Hämmerli, CH-Gondiswill

Hemmi · Fayet
Architekten ETH / SIA
Riedhofstraße 29
CH-8049 Zürich
Seite 62–65
F: Hannes Henz, Zürich

Jauss + Gaupp
Freie Architekten BDA
Hünisstraße 13
D-88046 Friedrichshafen
Seite 66–69
F: Ulrike Myrzik, München

Wolfgang Kergaßner
Prof. Dipl.-Ing. Architekt
Löffelstraße 5
D-70597 Stuttgart
Seite 70–73
M: M. Christ
F: Bernhard Müller, Reutlingen

Löffler & Ruoff Architekten
Derendinger Straße 43
D-72072 Tübingen
Seite 96–101
M: H. Fritz
F: Reinhard Schmid, Tübingen

Loosen, Rüschoff + Winkler
Architekten und Ingenieure
Kloppstockplatz 9
D-22765 Hamburg
Freiraumplanung:
Ando Yoo, Landschaftsarchitekt
M: H.-E. Friedrich
Seite 74–79
F: Oliver Heißner, Hamburg

Marte.Marte Architekten
Bernhard und Stefan Marte
D.I. Architekten
Totengasse 18
A-6833 Weiler
Seite 80–83
M: R. Zimmermann,
R. Bechter
F: Ignacio Martinez, Lustenau

PAK Gautschi + Zöller
Architekten
Litzenhardstraße 83
D-76135 Karlsruhe
Seite 84–87
F: Emanuel Raab, Wiesbaden

Robert Pfurtscheller
Architekt
Außerrain 404
A-6167 Neustift
Seite 88–91
F: Nikolaus Schletterer, Innsbruck

Gabriele und Dieter Richter
Architekten und Stadtplaner
Stresemannplatz 4
D-24103 Kiel
Seite 92–95
F: Kröger + Dorfmüller, Hamburg

Bianca M. Schütz
Dipl.-Ing. Architektin
Am Johannisberg 27
D-53474 Bad Neuenahr-Ahrweiler
Seite 102–107
F: Günther Franc Kobiela, Stuttgart

Klaus Sill
Prof. Dipl.-Ing. Architekt
Harkortstraße 121
D-22765 Hamburg
Seite 108–111
M: G. Schünamann, N. Meyer
F: Christoph Gebler, Hamburg (3),
Friedrich Busam/architekturphoto (2)

Sturm und Wartzeck
Architekten Innenarchitekten
Wilhelm-Ney-Straße 22
D-36160 Dipperz
Seite 112–115
F: Archiv Architekten

**Markus Wespi
mit Jérôme de Meuron**
Architekten
Postfach 57
CH-6578 Caviano Ti
Seite 116–121
F: Hannes Henz, Zürich

Sampo Widmann
Prof. Dipl.-Ing. Architekt BDA
Mittererstraße 3
D-80336 München
Seite 122–125
M: A. Hanser, D. Mruck, B. Wittekind
F: Archiv Architekt

F = Fotos
M = Mitarbeit

IMPRESSUM

Die Deutsche Bibliothek –
CIP-Einheitsaufnahme
Ein Titeldatensatz für diese Publikation
ist bei Der Deutschen Bibliothek erhältlich

2. Auflage 2002
© 2002 Deutsche Verlags-Anstalt GmbH,
Stuttgart München
Alle Rechte vorbehalten
Lithographie: Fotolito Longo, Bozen
Druck und Bindung: Passavia, Passau
Printed in Germany

ISBN 3-421-03379-x